心が老いない生き方
―年齢呪縛ふりほどけ!―

和田秀樹

ワニブックス
PLUS新書

はじめに

齢《とし》をとってくると、夢や希望が変わってきてしまうような気がします。

若いころは、もっと偉くなりたいとか、もっとお金を稼ぎたいとか、もっと異性にモテたいとかいろいろと欲望がありました。

齢をとると、そういう欲望が薄れてくる代わりに、「～～ない」という欲望が強くなる気がするのです。

病気をしたくない、ボケたくない、寝たきりになりたくない、老け込みたくないといった類です。

高齢者専門の医者をやっていると、「病気をしたくない」というのは多くの人が望むものの、実は無理だということがわかります。健康診断でいつも正常であるように気をつけていても、がんが襲うことは珍しくありません。ボケないというのも、実は無理な話で、85歳を過ぎて脳にアルツハイマー型の変性が起こらない人がいないというのを毎年100人もの方の解剖結果を見て目の当たりにしてきました。

寝たきりとかボケを遠ざけるために歩き続ける、頭を使い続けるのは有効ですが、遅らせることはできても、そうならないということは意外に難しいものです。

以上、挙げた中で、唯一、私が防ぐことが可能だと思うのは、老け込まないことです。

たしかに顔のしわは増えたり、背中が丸まったり、脳が衰えたりしますが、老け込むというのはそういうことではないと私は見ています。

外見や体力は老け込んでも、心が老け込まなければ、若い気持ちでいられるのです。

逆に年齢の割に外見が若々しかったり、頭も体もしっかりしているのに、老け込んだ考え方の人もいます。

長年、たくさんの高齢者を診ていると、高齢者には個人差が大きいことがよくわかります。

そして、実は年齢というのは意外に意味のないものなのだと気がつきます。

ある老年医学者の先生が、老人というのは65歳とか年齢で区切るのでなく、上から1

割くらいで区切っていいのではないかとおっしゃっていました。たしかに、周りの9割の人が自分より若ければ、自分が年寄りと感じてもおかしくありません。去年の敬老の日の発表によると、日本人の9．9％が80歳以上なので、この考え方でいくと80歳以上が老人ということになります。

あるいは、医学的にみれば歩行機能が衰えたり、認知機能が衰えたりしたら、老人と言えるが、そうでなければ、まだ中高年の続きという考え方もできます。

人々の栄養状態がよくなり、医療の発達もあって、個人差が大きいものの元気な高齢者が増えているので、そうした意味では、齢をとっていても、老人ではない人が増えているのでしょう。

でも、私はそんなものでない気がします。

自分はまだ若い、少なくとも自分は年寄りなんかじゃないと思えば、本当に年寄りでない気がします。生き方、考え方が若ければ、そういう生き方ができるし、ＩＴやＡＩも含めて便利な世の中になっているので、なおのことそれが可能だからです。

そういうわけで、本書では「心が老いない」「心の若さを保つ」ということについて、私の考えることを書いてみました。

若い心をもっていたい（それだけで心が若いのですが）人のヒントになれば幸いです。

末筆になりますが、本書の編集の労をとってくださったワニブックスの内田克弥さんと夏谷隆治さんにこの場を借りて深謝いたします。

心が老いない生き方 ―年齢呪縛ふりほどけ！ 目次

はじめに 3

プロローグ 老化を固定する年齢呪縛……15
心の自由が奪われるとき 16
心の老いが身体の老化を加速させる 18
心の老いが見た目の老いとなって表われる 21
何のことはない、年齢呪縛が老化の原因だった 23
呪縛から抜け出して心の自由を取り戻そう！ 26

1章 実年齢には意味がないと気づこう……29
わたしたちは「こんなに若返っている」という一つの例 30

実年齢なんか意味のない時代になっている　32
ホワイトカラーが80代になっても老人に括られてしまう不自然　34
実年齢の悪いことだけ気になり始める　36
心の老いを感じさせない高齢者が増えている　38
むしろ若い世代に心の老いが広がっていないだろうか　40
「どうせなら若いほうがいい」という年齢差別　43
自由はもはやそれほど大切ではなくなったのか　45

2章 「心の老い」とは何か

2章 「心の老い」とは何か……49
安心感を求めるとき心の老いが始まっていく　50
リスクを避けようとするだけで不自由になっていく　52
なぜ心が不自由を我慢できるのか　54
実感のないものに縛られてはいけない　55
相手の年齢を気にするのが心の老いの始まり　58

世の中が実年齢を押しつけてくる　60
自由自在に年齢とつき合おう　62

3章　心の老いは身体より早く始まる……65

心が老いるとワクワク感が小さくなってくる　66
ワクワクしなくなるのは前頭葉の老化が原因　68
「丸くなったな」と気がつく心の老いがある　70
周囲に合わせる、同調圧力に負けてしまう　72
年齢呪縛に捕まりやすい人の生き方　74
失敗や期待外れを笑って楽しめるかどうか　76
いまさら年齢を持ち出すほうがおかしい　78
「失敗したら恥ずかしい」なんて大げさすぎる　81
空想に遊ぶ時間は老いにとって大切な時間です　83
「あれもダメ、これもダメ」で心は塞ぎ込む　85

4章 「老害の人」の正体……89

齢を自慢し合うグループには近づかない 90
「年甲斐もない人」が羨ましがられる時代になっている 92
自分より年上の元気な人とつき合おう 94
年齢あっての自分ではない 96
もう相手の年齢を気にしなくていい 98
老害の人の正体 100

5章 老いの孤独は不幸なだけだろうか……103

心の枷になっていた人間関係がある 104
老いることは自由になることと気がつくかどうか 106
働けるうちは働きたいというのも「心の若さ」 108
フリーランス老人という自由な立場がある 110

組織の枷が外れても仕事はできる 113
いまさら友だちの数なんか気にしなくていい 115
どうせいつかは一人になる、その気楽さに早く気づいたほうがいい 118
一人で飄々と生きる、面白おかしく老いていく 120
映画館の暗闇は一人の老いを幸せにしてくれる 122
風来坊な老人になってフラフラと食べ歩く 124
もうここからは「ご褒美の人生」、誰にも気兼ねしないで生きよう 126
取り残されて一人になる、「ああ、せいせいした」と思えるかどうか 128

6章 試してみたいことがたくさん残っている

試してみたいことがたくさん残っている……131
まだ人生には長い時間が残されている 132
失敗を恐れて心のブレーキをかけてきた 134
まずひょいと動いてみよう 136
動けば何かが始まる、始まればその先が見えてくる 138

いちばん簡単なのは人を訪ねること 140
あれもこれも、とにかく試してみる 143
実験が許されるのは若いときだけだろうか 145
老いはすべての人にとって初体験ゾーンになる 147
面白がる気持ちを忘れていないだろうか 150
若いころの小さな失敗が逆に余裕を与えてくれる 152

7章 自分を自由にしてくれる生き方を選ぶ……155

マインドリセットが簡単にできた 156
「どうすれば楽になれるか」と考えるのがスタート 158
何がきっかけでマインドリセットできるかわからない 160
一つ踏み出すと大きな目標ができてくる 162
自学自習は老いが煮詰まってしまう 164
男性はいくつになってもライバル意識を持つことができる 166

いくつになっても師は持てる　168
アウトプットが脳を活性化する　170
自分のことは自分がいちばん知らない　172
前頭葉の若さが年齢呪縛を吹き飛ばす　175

エピローグ　**無邪気に老いるコツ**……179
寂聴さんは特別な人ではない　180
自分の暮らしを作っていくという感覚　183
小さなことに心が引き寄せられるようになってくる　185

おわりに　188

プロローグ　老化を固定する年齢呪縛

心の自由が奪われるとき

ある女性が新聞の人生相談にこんな悩みを寄せました。

「つき合っている男性に年齢を知られると退《ひ》かれてしまいそうで怖いです」

齢は隠すべきなのか、これからどうつき合っていけばいいのかという相談でしたが、回答者の中園ミホさんの返事は明快でした。

「退かれたらつき合うのはやめなさい」

齢で決めるような男にろくなのはいない。そんな男とわかったら、さっさと別れなさいというアドバイスです。

つき合っている女性の実年齢にこだわるような男は、相手の若々しさを素直に認めようとはしません。見た目が若いというのは本来、とてもいいことです。実年齢より若く見える人と向き合ったときに、「ああ、この人って齢を感じさせない若々しい人なんだな」と好感を持ったり好意を感じるのはごく自然なことになってくるはずです。

そういう自然な心の動きを、たとえば「30代前半だと思っていたけど、もう40近いのか」と封じ込めてしまうのは、どう考えても不自然なことです。

なぜならいまの時代、実年齢ほど実感のないものはないからです。自分が何歳かということは誰でも知っています。でもそれをふだん意識することは滅多にありません。年が改まったり誕生日が来たときに「ああ、○○歳になったんだな」と思うぐらいです。

高齢者で考えてみましょう。「もうこんな齢なんだから」と自分の実年齢を意識して暮らす人と、齢のことは忘れて好きなこと、やりたいことを追いかけて暮らす人がいます。どちらが毎日を楽しく、生き生きと暮らしているかは言うまでもありません。

実年齢を意識するというのは、実感のないものを持ち出してわざわざそれに自分を当てはめて暮らすことになります。生き方としてとても窮屈になってきます。

なぜそういう不自然な生き方をするかといえば、自分に枷《かせ》をはめようとするからではないでしょうか。手枷、足枷のように自由を束縛するものを心にもはめたほうが安心するからです。実年齢は手っ取り早い枷になります。「もう75歳なんだから」とか「80歳過ぎたんだから」と言い聞かせることで、さまざまな興味や願望を封じ込めることができます。心の自由を奪おうとする不思議な「おまじない」です。それがなぜ生まれるかと考えたとき、ふと浮かんだのが「年齢呪縛」という言葉でした。

心の老いが身体の老化を加速させる

「呪縛」という言葉は少し古めかしいですが、「まじないをかけて心の自由を奪うこと」です。もう少し具体的な説明をすれば「心理的な強制によって人間の自由を束縛すること」でもあります。つまり本来であれば、他者や社会が強制して個人の自由を束縛することです。たとえばコロナ社会のマスクや移動自粛こそまさに呪縛でした。

しかもコロナ社会は、周囲が強制しなくても自分からマスクをつけ、移動を禁じるようにまでなっていました。社会の呪縛が解けてきているのに、自分から解けたものをわざわざ縛り直すようになっていたのです。こうなるともう自縄自縛になります。

年齢呪縛も同じで、しばしば自分自身にまじないをかけてしまいます。実年齢を持ち出して「もういい齢じゃないか」と思い込むことで、心の自由を奪ってしまうのです。

先ほどの、つき合っている女性の齢を聞いて退いてしまう男もその一例でしょう。それまでは「素敵だな」と思っていた女性の年齢を知ったとたんに、好意や好感を封じ込めてしまうのですからまさに呪縛です。

それが自分自身に向けられても同じです。

「もう80歳なんだから、わがままを言ってはいけない」とか「食べ物も質素にして着るものだって地味な色を選ばないと」とか、自分の願望をどんどん封じ込めてしまいます。あるいは何事にも慎重になったり、「もう齢なんだから」と自分にブレーキをかけるようになります。心の自由も行動の自由もどんどん奪われてしまいます。

その結果、どうなるでしょうか。

老いがどんどん固定されてしまいます。年齢通りの高齢者になってしまうのです。自分から実年齢に合った生活スタイルを選ぶのですから当然のことです。

見た目の若々しさとか溌剌《はつらつ》さも消えてしまいます。何より日々の暮らしに楽しみがなくなっていくのですから、せっかく用意された人生終盤の自由な時間を不自由に過ごすしかなくなります。

わたしはこういう状態が「心の老い」だと思っています。

ところがこの老いに自分で気がつくことはありません。

心というのはそもそも曖昧で漠然とした世界ですから、その老化にも気がつかないことが多いのです。

これが身体の老化なら否応《いやおう》なしに気がつきます。はっきりした体力の衰えや能力の低下として表われますから、自覚しやすいし認めざるを得ないのです。「ああ、わたしも齢だな」という実感は身体の感覚を通して生まれてきます。

そういう実感、つまり身体の感覚を通して生まれた老いの自覚が心のブレーキをかけるということはあります。「無理しちゃいけないな」とか「齢相応の暮らしをしなくちゃ」といったブレーキです。

ところがここで、心の老いが始まっている人と、まだ心が若々しい人では同じ身体の老いでも受け止め方が違ってきます。「大人しく生きるしかない」と考える人と「楽しむならいまのうちだ」と考える人がいるからです。食べ物でも「質素にしなくちゃ」と考える人と「食べたいものを食べよう」と考える人がいます。

つまり同じように身体の老化が始まっても、心の若々しい人はいろいろなことにチャレンジできます。それが結果として身体の老化を食い止めることにもつながってくるのです。

心の老いが見た目の老いとなって表われる

老いが避けられない現実だということは誰でも理解しています。

同時に個人差が大きいこともほとんどの人が気づいています。

これはつくづく実感することですから、認めざるを得ないのです。

「なぜあの人はあんなに若々しいのか」

「同い年なのになぜ見た目の年齢差がこんなにも違うのか」

「仲間が集まるとなぜ老け込んだ人と若々しい人に分かれるのか」

「俳優や芸術家はなぜいつまでも若々しいのか」

誰もが抱いてしまうこういう素朴な疑問に対して、たいていの人は自分なりの答えを用意していると思います。とてもシンプルな答えです。

「気持ちが若い！」

この一語に尽きます。

気持ちが若いからファッションでも小物でも若々しいものを選びます。

気持ちが若いから行動も自由になります。

すると気分も浮き立ちます。いつも溌剌と動き回ることになります。

そういう人は女性でも男性でも華やかさがあるから目立ちます。若々しい人は目立つのです。どうしてもみんなの注目を集めます。

同じ年代の人が集まっても、老け込んだ人は目立たなくて若々しい人が目立ちます。

これはファッションや行動のせいだけではありません。若々しい人は思ったことをどんどん口にできる人です。自分がどう思われるかとか、間違ったら恥をかくとか、そんなことは気にしません。

自分の考えを飲み込んで黙っているより、はっきりと口にしてそれが非難されたり反対されたら、そのときのことだと考えます。とにかく心に浮かんでくるものを抑え込んだりしないのです。

老け込んだ人が目立たないのは、服装や姿が地味というだけではありません。若々しい人とは逆に、心に浮かんでくるものがあってもそれをまず抑え込もうとします。周囲にどう思われるかを考え、間違えて恥をかきたくないと慎重になります。目立たないように振る舞いますからどうしても地味な印象になります。つまり、心の老いが見た目の老いとなって表われるのです。

何のことはない、年齢呪縛が老化の原因だった

そう考えてくると、老化の原因は年齢呪縛、つまり自分の実年齢をいつも意識していることだと気がつきます。「わたしはもう○○歳なんだから」と意識するだけで心が萎《い》縮《しゅく》してしまい、分別とか齢相応の振る舞いや判断を自分に押しつけるようになります。

それが行動や生活スタイルを不自由にしたり、食生活を貧弱にさせたり血圧や血糖値の薬を常用させることにつながってきます。ここまでにわたしが唱えてきたような『80

歳の壁』の大きな原因は、突き詰めていけば年齢呪縛にあったのです。

しかも年齢呪縛は、高齢になって始まることではありません。「もう40代だから」とか「60歳になったんだから」と中高年のころから始まる人が大勢います。そのたびに意識していなかった年齢を意識するようになります。それがさまざまな計画や希望を抑え込もうとします。心の老いが、現実の人生をどんどん老化させてしまうのです。

だとすれば、いつまでも若々しい日々を楽しむコツはものすごく簡単で単純なことになってきます。自分の齢を忘れる、これだけです。

ただしこれは簡単なようで難しいことでもあります。

世の中や周囲は、ことごとくあなたの年齢を押しつけてくるからです。運転免許の高齢者講習がいい例です。「齢を考えなさい」とか「いつまでも若くないんだから」といった言葉だって、悪意はないとしても年齢を意識させようとする言葉です。

そして何よりも、自分自身が年齢を言い聞かせようとします。

趣味でも勉強でも遊びでも、何か新しいことを始めようと思ったときに「いくつになると思っているんだ」と諭そうとします。「この齢でいまさら」とか「カネの無駄だ」と年齢を言い聞かせます。

それによってふと湧いてきた高揚感、ドキドキしたりワクワクするような気分は消えてしまいます。それが寂しいかというと、そうとも言い切れないのです。

なぜなら自分で納得してしまうからです。

「そうだな、齢を考えないと」と納得し、思い留《とど》まったときには「バカなことをやらなくて良かった」と納得します。

「どうせ失敗したり途中で諦めたりするんだから、動かなくて正解だった」と安心するのです。つまり自分に年齢の枷をはめることで、安心感を手に入れることになります。

年齢呪縛というのは、自分の年齢を思い出すことで安心・安全な選択ができる便利な方法でもあるのです。

呪縛から抜け出して心の自由を取り戻そう！

わたしはこの本で、年齢呪縛から抜け出す簡単な方法をいくつか紹介してみます。気がつけばつい、自分の年齢を意識したり言い聞かせたりするいまの生き方や考え方からどうすれば抜け出せるのかを考えてみます。

そのときいちばん大事になるのは、自由に生きたほうが気持ちいいし、楽だと気がつくことです。不自由を好む人はいないはずですから、心が求めるものに素直に従うだけでいいはずです。

ところがこの簡単なはずのことがなかなかできません。理由は不自由に慣らされてしまったからです。本文の中でも説明しますが、わたしたちはまだ若いころから、さまざまな不自由を受け入れてきました。

周囲に合わせなければいけない、わがままや自分勝手な行動はみんなの迷惑になると教えられてきたし、世の中の常識とか組織のルールのようにはっきりとした輪郭を見せないものにもいつも従ってきました。

もちろんその中には、守らなければ周囲に迷惑を掛けたりお互いが不快になるものもあります。けれども破ったからといって誰にも迷惑をかけないものもたくさん含まれています。たとえば職場で上司の判断やみんなの意見に反対しても決してルール違反ではありませんし、とくに迷惑でもないはずです。せいぜい議論が長引いて会議が遅くなるくらいのことです。

でも自分で反対意見を言わずに飲み込む人が大勢います。「嫌われる」とか「チームワークを乱す」と考えるからです。

その結果、心は不自由を感じたまま我慢するしかなくなります。言いたいことが言えないとか、やりたいことができないという場面はいくらでもあったはずです。

ところが、そういう心の不自由が逆に安心をもたらしてくれたのも事実です。そのたびに、「我慢しといて良かった」と胸をなでおろしてきたのです。

高齢になったらもう、そんな小さな安心は求めなくていいです。

もう束縛する組織もないし、家族のためとか仕事のためといった義務や責任もありません。自分が何歳で定年まであと何年とか、家のローンや子どもの教育費とか、あるいはポストに見合った成果や実績とか、一切考えなくていいのです。いままでに比べたらとことん自由になっています。

その自由を存分に楽しんでいいし、それが許される年齢なのです。自分の年齢を意識するとしたら「そうか、何をやってもいい齢なんだ」と気がつくだけでいいはずです。心の自由を取り戻すことができる年齢なんだと気がついてください。

1章

実年齢には意味がないと気づこう

わたしたちは「こんなに若返っている」という一つの例

自分がある年齢に達したときに、たいていの人は「こんなものか」と思います。たとえば60歳の還暦を迎えたときです。

「60歳なんて爺さんだと思っていたけど、こんなものか。何も変わらないじゃないか」

これが本心だと思います。40歳でも50歳でも同じです。自分がいざその年齢になってみると「こんなものか」と拍子抜けします。「昔はいい齢だと思っていたけど、まだまだ若いじゃないか」と感じます。

なぜそう感じるのかといえば、ものすごく単純な理由が2つあります。

一つはまず、わたしたちが実際に若返っていることです。60歳を例に考えてみましょう。

かつて、定年が55歳だった時代には60歳といえばもう隠居暮らしで孫を相手にのんびり余生を送るというイメージでした。わたしはしばしばマンガ『サザエさん』に登場する波平さんを例に挙げてきましたが、波平さんがまさに54歳で定年間近という設定です。

いくら昭和20年代のマンガとはいっても、禿げ頭の波平さんがまだそんな年齢というのはいまのわたしたちにはピンときません。

『サザエさん』は昭和20年代の初めに始まったマンガですから、例えが古すぎると思うかもしれませんが、じつは定年に関して言えばそんなことはありません。日本の会社で定年が55歳から60歳に延びたのは１９８６年です。60歳未満の定年制が法律で禁止されたのは１９９４年のことです。決して古い話ではないのです。

現在はどうかといえば、希望する人は65歳までの雇用が義務化されています。再雇用や再就職で70歳過ぎて働く人は珍しくありません。60歳なんてまだバリバリの現役ということになります。実際にその年齢になっても「こんなものか」としか思えないのも当然です。

つまり、頭の中に「60歳＝いい齢」という古臭いイメージが居座っていたから「こんなものか」と拍子抜けしたのでしょう。いざその年齢になってみて年齢呪縛が解けたのです。70歳でも80歳でも同じです。自分から「もういい齢だ」と言い聞かせているだけで、外見的にも体力的にもかつてとは比べものにならないくらい若返っているのです。

実年齢なんか意味のない時代になっている

わたしたちが実際にその年齢になったとき「こんなものか」と思うもう一つの理由があります。日本人の平均年齢が高くなったことです。

マンガの『サザエさん』は昭和20年代の東京が舞台でした。当時の日本人の平均年齢は20代前半です。ちなみに１９５５年、昭和30年の平均年齢はおおよそ24歳でした。１９８０年でも30歳をわずかに超えたくらいです。

いまはどうかといえば、２０２０年のデータで49歳です。これは世界でも最高齢の平均年齢になっています。

平均年齢の若い社会では、その年齢を超えると年寄り扱いされてしまいます。平均年齢が20代前半だった時代には、30歳を超えるともう立派なおじさん、おばさんですし、50歳を越えたら老人と見なされるのが当たり前になってきます。

これを、平均年齢が50歳に近づいているいまの時代に当てはめればどうなるでしょうか。

40代50代なんか若者ですし、30歳なんて子ども扱いされてもおかしくありません。実際、アイドルタレントのイメージが残っている元ジャニーズグループ「嵐」のメンバーの平均年齢は40歳を超えています。ＳＭＡＰになると50歳です。

年齢だけを考えると昔ならみんな中年のおじさんですが、いまの日本人の平均年齢を思い出せば納得します。彼らがまだまだ若いのは当たり前のことで、かつてに当てはめればまだ20代の若者で通る世代でしかないのです。

出生率が減少して子どもの数が減り、80代90代でも元気な高齢者が増えてくれば平均年齢がどんどん高くなっているのは当然のことなのですが、70代のように人口の多い年齢層の中にいると、そのことにはなかなか気がつきません。

「オレはもう75歳だから後期高齢者か」とか「齢を考えるともう無茶はできないな」とか、高齢者の仲間入りしたことばかり意識しがちです。

ところがひょいと世の中を見渡せば、まだ若者だと思っていた世代だって40代50代と年老いてきているのです。でも彼らや彼女たちに老いのイメージなんかありません。アイドルグループの嵐が40代とわかってもただ驚くだけです。

そこで驚くくらいなら、「実年齢なんてもう意味がない時代なんだな」と気がつくべきでしょう。「オレだってまだ60代としか見られない」「わたしだって80歳だと言うと驚かれる」……そんな経験を持つ高齢者は大勢いるはずです。

見た目や印象の若々しさは、実年齢より優先します。

若々しく見えるというのはとてもいいことだし、嬉しいことです。そう見られるということを素直に喜んでいいはずです。年齢呪縛から軽々と抜け出して心の自由を取り戻した人が長い高齢期を思う存分に楽しむことができます。いまはそういう時代なんだと気がついてください。

ホワイトカラーが80代になっても老人に括られてしまう不自然

いまの70代80代について、たいていの人が忘れていることがあります。

とくに男性の場合ですが、彼らは昭和末期の経済成長がピークに達していたころに現役のサラリーマンだったということです。

バブル景気もありましたが、昭和60年代はサラリーマンが遊びまくった時代です。高級レストランやクラブに出入りし、ブランドのスーツを身につけ、車も高級車を乗り回しました。ビジネスで海外にもどんどん出かけています。実質賃金が上がらず、不景気で先の読めないいまの時代に比べれば、おカネを使いまくってエネルギッシュに生きていたのです。

あのころの40代、つまりいちばん働き盛りの世代が、いまの70代80代です。

そういう世代が、「もう齢だから」と大人しく暮らせるでしょうか。

年金暮らしだからといって、節約だけを言い聞かせて閉じこもって暮らせるでしょうか。

つまらないテレビを遅い時間までじっと我慢して見続けるでしょうか。

三度の食事を家の中で夫婦向き合って摂ることができるでしょうか。

仮にそういう生活を守っているとしても、心は窮屈で不自由なままでしょう。80歳だから我慢しなくちゃと言い聞かせても、心は「好きにさせてくれ！」と叫んでいるはずです。

好きにしていいのです。

心が望むままに自由に生きていいのです。

そもそも80代になったからといって昭和世代のホワイトカラーを老人や高齢者という言葉で括ってしまうことに無理があるとわたしは思っています。年齢呪縛なんか軽々とふりほどいてください。

実年齢の悪いことだけ気になり始める

齢を意識するとろくなことがないというのは、高齢期だけではありません。

40代50代といった中年期でも、場合によっては30代でも「わたしはもう○○歳なんだ」と意識したとたんにさまざまなブレーキを自分にかけてしまいます。ほとんどの場合は、何かやってみたいことが思い浮かんだり、自分を束縛するものから抜け出そうと考えたときにこのブレーキが掛かります。

たとえば20年勤めた会社を辞めて、念願の珈琲《コーヒー》店を開きたいと考えている45歳の男性がいたとします。この男性はそれなりの準備をしてきました。といってもまだまだ万全とはいえません。

「珈琲豆の仕入れや焙煎は勉強不足だから、どこかの店で修業も兼ねて1年くらい働こう。開店資金も十分とは言えないから、駅から遠くても家賃の安い物件を探してみよう」

中途退職すれば退職金はそれほどもらえないでしょう。修業を兼ねて働いても給料は大幅にダウンするでしょう。だから会社を辞めても何年かは苦しくなるのもわかっています。それでもいつか自分の珈琲店を持ちたいというのはサラリーマンになる前からの夢でした。本当はもっと早く踏み出したかったのが、仕事も多忙で、部下もできて辞めるタイミングを逃してしまったのです。

さて、この男性が仮に45歳という自分の実年齢を重く受け止めたら、つまり実年齢を気にし始めたらどうなるでしょうか。

「遅すぎないか」とか「いま会社を辞めるのはもったいない」と考えるでしょう。部下を持つ立場になって、これから仕事のスケールも大きくなるでしょう。20年以上勤めた職場ですから、良くも悪くも要領は身についています。勤めを続けたほうが楽には違いないのです。

「あと20年我慢すれば退職金も年金も満額貰える。珈琲店はそれからでも遅くないじゃないか」と考え出すと、中途退社してまで開業するのは愚かで、早計なような気がしてきます。

一度そういう迷いが生まれると、40代半ばの起業というのはいかにも中途半端で危なっかしいような気がします。何だかいちばんまずい年齢のような気さえしてくるのです。それまで気にもしなかった実年齢がまるで最悪の年齢に思えてしまいます。これも年齢呪縛の一例です。

心の老いを感じさせない高齢者が増えている

平均寿命の高齢化にはすごい長所があるとわたしは思っています。

案外、みんなが忘れてしまいがちな長所です。それは、何を始める場合でも、「もう遅い」とか「いまからじゃ間に合わない」と考えなくてもいいことです。

平均寿命が60代だった時代は、そこから逆算して「30代のうちに」とか「40代までに」といった期限をたいていの人が作ってしまいました。仕事や自分の進む道といった大事な選択になると「25歳までに決めなくちゃ」といった年齢制限すら作ってしまう人もいました。

あるいは趣味や勉強でも、始めるなら「若いうち」という意識が誰にでもありました。「齢を取ると覚えが悪くなるし身体も固くなる。何を始めるにしても若いうちからのほうがいい」

そう考える人がほとんどですから、たかだか30代とか40代くらいでもう、「いまからじゃあ」とか「もうちょっと若ければ」と諦めるケースが多かったように思います。

ところが70代80代でも元気な人が当たり前になり、仕事だって70代で続けている人が珍しくない時代になると、そういう年齢制限は意味がなくなります。少なくとも、以前よりはるかに後ろの年代に延ばしてもいいことになります。

実際、いまは会社を定年退職した60代後半になって学び直しで大学に入学したり、大学院に入って、かつては仕事が忙しくて諦めていた好きな分野の勉強にじっくり取り組む人も珍しくありません。

趣味や習い事の世界となるともっと自由自在で、70歳や80歳を過ぎて楽器や語学や絵を習い始める人がいます。脳が元気で意欲や好奇心さえ失わなければ、どんな分野でも遅すぎるということはないのです。

したがって、転職や起業でも40代とか50代で取り組む人はいくらでもいます。人生100年と考えればまだ半ばですから少しも遅くないのです。

そういう現実は、たとえ年齢が高くなっても心の自由を失わない人がいまの日本には増えているということを指します。もちろんそうでない人もいますが、高齢者がこれだけ分厚い年齢層を作るようになって（つまり当たり前の世代になって）、少しずつ年齢呪縛が弱まりつつあるのかなと思うくらいです。

むしろ若い世代に心の老いが広がっていないだろうか

その一方で、少し気になることがあります。

平均年齢が50歳に近づき、世の中に高齢者が溢《あふ》れ、職場にも中高年世代が居座るようになると、今度は若い世代に「年寄りが目障り」とか「大人しくしていればいい」といった反感が広がっているように感じるのです。

実年齢を当てはめようとしたり、齢で相手を見るのが心の老いの始まりだとすれば、むしろ20代のようなうんと若い世代にもそういう傾向が強まっていないでしょうか。

たとえば高齢者が運転する車が事故を起こすと、「80過ぎて運転なんていい迷惑だよ」とか「免許証に年齢制限作ればいいだけの話じゃないか」といった見方をします。運転しているそれぞれの高齢者の実像はまったく無視して、年齢を当てはめて答えを出そうとします。

わたしが不思議に思うのは、若い人ならむしろ「自動運転システムをなぜ実用化できないんだ」とか「いまの技術でもできることはあるはずなのに」といった技術改革やシステム開発のほうに関心が向けられてもいいような気がするのに、そういう意見はまったく出てこないところ。ただ高齢者の年齢だけを見てしまいます。

職場にもそういう見方はないでしょうか。

相手が上司であれ先輩であれ、「50過ぎの言うことはズレている」とか「いまのトレンドがわかってない」といった見方をして年齢で決めつけてしまいます。トレンドを言うなら自分たちより高齢世代の意見にも耳を傾けてもいいはずですし、相手の年齢ではなくどんな意見があるんだろうと向き合うほうが自然な態度のように思えます。そのほうが心が柔らかくて自由です。

もし年齢で決めつけてしまう若い人が、自分の親の老いに向き合えばどうなるでしょうか。やはり実年齢を当てはめて親の心の若さを無視してしまわないでしょうか。80歳過ぎた親が派手な色のセーターを着ただけで「いい齢をしてみっともない」と諭したり、楽器を習い始めたりすると「齢なんだからカネの無駄」と叱るかもしれません。

少なくとも「うちの親は気が若くていいなあ」とは喜んでくれないような気がします。

心の老いは、年齢が若くても始まることがあるし、むしろ若い世代のほうが心が老いてしまっていることが多いのです。

「どうせなら若いほうがいい」という年齢差別

それからこれは腹立たしいくらいいまの日本に刷り込まれた考え方として「若いほうがいい」というのがあります。たとえば政治の世界がそうです。

国政でも自治体の首長選挙でも、二人の候補者がいると「若い人のほうがいい」と考えます。「若い人のほうが思い切ったことをやってくれそうな気がする」とか「年寄りは行動力がないし発想が古い」といった受け止め方をします。

でも大事なのはそれぞれの候補者が何を訴えているか、どんな政治をやろうとしているかということです。若い政治家が若いというだけで市民の生活を守ってくれるとは限りません。いくら年齢が若くても心の老いが始まっている政治家もいます。自治体の首長でも国の言いなりになって市民に不自由を強いる例だって多いのです。

まして国の政治をリードする総理大臣のようなトップが、ただ年齢が若いというだけで有権者に支持されたらそれこそどんな政策を押しつけてくるかわかりません。たとえ高齢の政治家であっても、要は国民の気持ちを汲み取る能力があればいいわけで、どんなに若くても聞く耳を持たない政治家では困るのです。つまり政治に年齢は関係ありません。

ちなみのアメリカの大統領は2代続いて70代です。いまのバイデン大統領はもうすぐ81歳になります。アメリカの平均年齢は38歳で日本よりはるかに若いことを考えると、年齢へのこだわりがないとわかります。さすが年齢差別禁止法が実施されている国だと納得します。

日本は雇用の場でも「若いほうがいい」という考えが根強くあります。キャリアや能力が同じなら少しでも年齢の若い人材を選ぼうとします。

でも重労働や勤務時間が特殊な職場ならともかく、たいていの仕事は幅広い年代の人が従事しています。「若いほうが使いやすい」とか「覚えが早いだろう」「それだけ長く働いて貰える」といった理由で高齢者を雇用しないのは、本人の能力や個性でなく年齢だけを見ているからでしょう。

たとえば接客のようなサービス業に「若いほうがいい」という発想を持ち込むのは大きな間違いでしょう。コンビニのレジ業務でも、最近は意外に高齢の男性や女性が働いていたりします。ケンタッキーフライドチキンで店長の雇用を65歳まで、店舗職員の雇用を70歳まで延長したというニュースがありました。ディスカウントショップのドン・キホーテのように80代の高齢者を積極的に雇用している企業もあります。

もともとホテルやレストランの接客係には高齢の男性というイメージがあります。物腰が穏やかで、落ち着いている年代のほうが、客に安心感を与えます。少しぐらい動作が鈍くても、バタバタと動き回られるよりは料理や雰囲気をゆっくりと楽しめるのです。

高齢者には長く生きてきて備わった長所があり、少なくとも一人ひとりにそれぞれの魅力や能力があります。それを無視して「若いほうがいい」と決めつけてしまうのはいかにも頭の固い考え方ということになります。

自由はもはやそれほど大切ではなくなったのか

コロナがこんなに長く続くとは誰も思わなかったかもしれませんが、わたしがそれ以上に驚いたのは、自粛がこんなに長く続いてきたことです。守られてきたというべきかもしれません。

日常生活で許される当たり前の自由をことごとく奪われても、ずっと我慢してきました。しかも正確に言えば規制ではありません。ほとんどが自粛でした。移動の自由、集会や人と会う自由を法律で規制することはできませんから、すべて自粛という形で押しつけられてきました。

自粛なら従わなくても何も罰せられることはないのに、日本の社会はとても従順でした。マスク一つを例に挙げても、いくら国が「屋外では外していい」と呼びかけても外そうとはしません。なぜなら街に出れば大部分の人がいつものようにマスクを着用しているからです。

そしてマスクを外している人を避けたり睨《にら》んだりします。すると結局、バッグやポケットに入れていたマスクを取り出して着けます。みんなと同じマスク姿になって初めて安心するのです。

マスクですらこんな調子でしたから、旅行や外食となると「とんでもない」といった非難が集まります。「みんなだって我慢しているのにわがままするぎる」と怒ります。

みんな我慢している。自分だって我慢しているというのなら、「自由な人はいいなあ」と感心してもいいはずです。「わたしはそこまで勇気はない」と素直に羨んでもいいはずです。でも、そうはなりません。なぜか「わがまま」と受け止め、反社会的な行動として非難します。

おかしな話ですね。べつに法律に触れたわけでもなく、ただ「いつもの店で美味しいお酒を飲んで楽しみたい」とか「リモート続きで人恋しくなった」「ああ、クサクサする。旅がしたい！」と思って実行しただけです。

自粛に従わず、自分のやりたいことをやったから非難されたのだとすれば、わたしたちはまず社会の雰囲気に従うこと、不自由を我慢しても世の中に合わせて生きていくことをしなければなりません。自由はもはや、大切なものではなくなったのでしょうか。

2章

「心の老い」とは何か

安心感を求めるとき心の老いが始まっていく

会議の席でよく、「自由に意見を述べてくれ」と言われます。

上司が自分の計画やプランを部下に説明したあとです。「忌憚《きたん》のない意見」とか「遠慮は要らない」と念を押されます。

でもほとんどの場合、部下は何も言いません。せいぜい、ちょっと質問するぐらいです。

ところが不思議なことに、誰かが思い切って上司のプランに反対意見を述べたり、自分が考えているプランをぶつけたりすると雰囲気が変わります。「それならオレも」とか「わたしだって」と反論や異論が飛び出します。

よくあるシーンですが、これも心の枷を考えるとわかりやすいです。

最初は全員が枷をはめられています。「変なことは言えない」とか「上司が余裕あるのはそれだけ自信があるからだろう」と思えば、「反論なんかできない」と全員が思い込んでいます。

そこに一人、空気の読めない部下が混じると、この枷が外れてしまいます。「おっ？　言ってくれたじゃないか！」と気が楽になって心の自由を取り戻すのです。するとそこからどんどん議論が活発になって全員が自由に意見を出し合います。上司は満足そうな顔をしています。何のことはない、部下のほうが勝手に上司に遠慮して、萎縮していただけだったとわかります。

つまり心の自由というのは、枷が外れてしまえば誰でも取り戻せます。逆に枷がかかっているうちは、自分でも無意識のうちに封じていることが多いのです。いまの例ではたまたま「空気の読めない部下」がその枷を外してくれましたが、もしそういう人間が現われなかったら自分では自由なつもりでも、そのままずっと不自由を受け入れているかもしれません。

ここで気がついて頂きたいのは、誰も不自由を強いていないということです。

上司だって「自由に発言してくれ」とわざわざ言ってます。

そこで「上司のプランに逆らうわけにはいかない」とか「みんなだって遠慮するだろう」と一種の忖度《そんたく》が働けば、何も言えなくなります。自分から不自由を引き受けてしまうのです。そして、枷がはめられている限り、自分が不自由になっていることに気がつかないのです。

リスクを避けようとするだけで不自由になっていく

たとえば「中国には自由がない」と言います。政府の弾圧がひどいから言論や表現の自由が奪われていると思われています。

「それに比べて日本は少なくとも自由だけはある」と思っている人が多いのですが、心の自由を考えるとどうでしょうか。

「周りに合わせなくちゃ」「良識のある人間と思われたい」「チームの和は何より大事」といったさまざまな心の枷があります。それが知らず知らず心の自由を奪っていることに気がつきません。

子どものころから「友だちとは仲良くしなくちゃ」「和を乱してはいけない」と教わってくると、とにかく周囲から浮くようなことを心に禁じてしまいます。中国には言論の自由はないかもしれませんが、国のやり方を批判することはあります。そこにリスクはあっても、日本人ほど従順ではないような気がします。少なくとも習近平がやめれば自由に批判をはじめるでしょう。

でも日本人は自分たちが自由だと信じています。周囲への忖度が染みついてしまえば、もう心の不自由が気にならなくなります。コロナ自粛だって、「みんな我慢しているんだから仕方ない」と考えれば、とりあえず不自由を受け入れたほうが安心します。「なんで我慢しなくちゃいけないんだ」とか「息が詰まる、もう厭《いや》だ」と自粛ムードに逆らうより、周囲に合わせて不自由を我慢したほうが楽だし安全でもあるのです。

年齢に縛られるのも同じです。

「齢なんか関係ない」と自由奔放に振る舞うより、「もう80歳過ぎたんだから」と齢相応に振る舞っていたほうが周囲も穏やかに見守ってくれるし優しく接してくれるでしょう。

そういう安心感のほうが、自由より大事になってきます。

自由というのは、ファッション一つとっても似合わなかったり、「いい齢をして」と笑われるリスクを抱えています。つまり失敗する可能性をつねに含んでいます。そういうリスクを避けようとするときに、心の老いが始まると考えることもできるはずです。

なぜ心が不自由を我慢できるのか

自由はわたしたちにとっていちばん大切なものです。世代や年齢に関係なく、心が解き放たれて気持ちもゆったりとし、何より「さあ、やるぞ」という意欲をかきたててくれます。

ところが、心の自由というのは意外に説明が難しいのです。

「だって心なんていつでも自由でしょ」と考える人がたくさんいると思います。

「わたしは何でも自由に考えて束縛なんかされていない」と思っている人も多いでしょう。

少なくとも、身体の自由とか不自由に比べて漠然としてわかりにくいのが心の自由ということになると思います。そのわかりにくいところを少しでもわかってもらえるように、「年齢へのこだわり」をここまでに取り上げてみました。

無意識のうちに、ほとんどの人に年齢へのこだわりがあります。相手の年齢、自分の年齢へのこだわりです。このこだわりの強い人ほど、年齢呪縛も強くなります。相手や自分にどうしても実年齢を当てはめようとするのです。

それによって年齢相応の生き方や暮らし方を自分に強いるようになります。「わたしはもうこんな齢なんだから」という枷をはめてしまうのです。これが「心の老い」の正体でした。

心が老いてしまったら、生き方や暮らし方も老いてしまうしかなくなります。自分から実年齢にふさわしい行動を選べば、見た目も身体もその通りに老いていくことになります。

実感のないものに縛られてはいけない

心の若々しい人は自分を年齢で縛ったりはしません。「わたしもやってみたいな」と興味を持ったことには気楽に手を出してみます。「食べたい」と思ったものを食べ、「行きたい」と思った場所に出かけ、「格好いいな」と思ったファッションに身を包みます。自分の願望や欲望をセーブしないのです。

「いい齢をして」といった周囲の視線も気にしません。

そもそも自分の年齢を意識していないから気にならないのです。これは心が求めるままに生きているということでしょう。自由を何より大切にし、楽しんでいるのです。

実年齢を意識したり、その年齢に自分を合わせようとする人はどうでしょうか。

何をやるときでも齢を考えます。

「もう無茶はできない」

「この齢で恥をかきたくない」

「失敗したら世間の笑い者になってしまう」

そう考えて、自分から自由を封じ込めてしまいます。心に年齢の枷をはめ込んでしまうのです。

でもここまでにも説明したように、年齢には実感が伴いません。ほとんどの人は、自分の実年齢を意識することはないし、自分はまだまだ年齢ほどには老け込んでいないと思っています。事実その通りなのですから、年齢に合わせて不自由を受け入れる人は、実感のないものにわざわざ縛られていることにならないでしょうか。

しかもこの不自由を受け入れる気持ちは、高齢になってから始まったわけではありません。じつは世代を問わず、「齢相応」の生き方を自分に言い聞かせたり、相手や周囲に求めようとする雰囲気があります。一例を挙げれば結婚です。仕事に夢中になっている娘に親が「あなたももう30歳過ぎたでしょう、そろそろ真剣に考えないと」と諭します。

さきほど日本人の平均年齢が50歳近いという話をしましたが、一昔前の20代30代がいまの40代50代に当たることを考えれば、40代で結婚しても少しも遅くはありません。まして自分から「もう40過ぎたから結婚なんて諦めたほうがいい」とか「恥ずかしい」と考えるほうが不自然です。

同じようなことはたくさんあります。たとえば男性が「40過ぎたのに、いまさら転職だなんて」と諦めるようなことです。

あるいは女性が「わたしも髪の毛を明るい色に染めてみたいけど、この齢じゃ笑われてしまうかな」とためらうようなことです。

そんな心の枷を自分自身にはめ込もうとする人が多いような気がします。つまり世の中や周囲だけでなく、自分自身に不自由を受け入れる気持ちがあるのです。ふだんは実感のない年齢という基準で自分を縛ってしまいます。

相手の年齢を気にするのが心の老いの始まり

そういった傾向は大部分の高齢者にも見られます。

実年齢が頭に居座っている高齢者は、たとえば自分と同世代の元気な人や、いかにも毎日を楽しんで自由に暮らしている友人を「わたしと同じくらいの齢のはずだけど、どうしてあんなに元気なんだろう」と羨ましがります。

「わたしなんか何かやってみたいと思っても齢を考えるとつい『いまさら』とか『もう無理』って諦めてしまう」

「子どもたちも心配してすぐ齢のことを言う。『いくつになると思っているの』と言われるたびに『そうだなあ』と納得してしまう」

自分からつい年齢を意識することもあれば、家族に言い含められることもあります。とにかく何かやろうと思えば齢が頭に浮かびますから、思い留まることが多いのです。

同時に相手や周囲の人間の実年齢を気にします。

元気な人を見れば「あの人だってもう○○歳のはずなんだけど」とか「彼女はわたしより一つ上だからもう85歳になるはず」と、どんなに若々しく生きている人がいても実年齢にはめ込もうとするのです。まるで年齢相応の老い方をしない人は特別な人だと考えているみたいです。心が年齢に縛られて不自由になっているのです。

では、同じ年齢でも心の自由な人はどうでしょうか。

何か思い立ったらすぐに実行します。出かけたいところに出かけ、食べたいものを食べ、会いたい人に会い、やってみたいことをやります。相手や自分の齢のことなんか頭から消えています。

ときどきは疲れて「やっぱり齢だな」と気がつくこともありますが、たいていのことには「ああ、楽しかった」と満足します。心が自由だから齢を忘れているのです。どちらの生き方が高齢期を幸せに過ごすことができるか、伸び伸びと楽しく暮らすことができるか、結果としていつまでも元気でいられるかは想像できると思います。

世の中が実年齢を押しつけてくる

ところがここで大きな壁が立ち塞がります。

高齢者がどんどん若返っている、実年齢なんか意味がなくなっているとわたしがいくら主張したところで、世の中は相変わらず高齢者に実年齢を当てはめてくるのです。

65歳を過ぎると否応なく前期高齢者として括られてしまいます。

75歳過ぎるともはや後期高齢者です。

そういう現状無視の枠組みに当てはめようとします。85歳過ぎたら末期高齢者とでも呼ばれてしまいそうです。そもそも60代を高齢者の枠に括ってしまうことじたい、どう考えても実感とかけ離れています。

問題は、そういう年齢の枷を70代以降の人たちが受け入れてしまう、あるいは自分に言い聞かせてしまうことでしょう。

「自分じゃ若いつもりだけど、もう後期高齢者の仲間入りしたんだな」

「80過ぎたものなあ、家族が運転はやめろというのも無理ないな」

そういう気持ちになってしまい、自分から実年齢を意識するようになってしまいます。年齢呪縛がじわりと始まります。

しかもいまの日本は医療や福祉、年金のような社会保障が財源不足を理由にどんどん切り詰められています。「高齢者が増えたせいだ」はとんでもない言いがかりで、こういう状況になるのはとっくにわかっていたのに何も策を講じないで大企業優遇、国防予算優先の政策を取り続けてきた政治が批判されることはありません。

雇用問題も同じで、若者がまともな仕事に就けないのは高齢者がいつまでも働くせいだと考える人もいます。

おまけに老害です。頭が固いだの古いだの、頑固だのわがままだの、周囲の言うことを聞かないとか権威を振りかざすとか、高齢者にありがちな態度や考え方が非難されます。「年寄りは大人しくしていろ」という圧力です。

とにかくいろいろな理由をつけて、高齢者は質素につつましく、家族や社会に迷惑をかけないで暮らせばいいんだという無言の圧力が世の中にはあります。

その圧力に従ってしまう人と、「どう暮らそうとわたしの勝手でしょ」と意に介さない人がいます。心の老いた人と、若々しい人がいるのです。

自由自在に年齢とつき合おう

実年齢に縛られるなというのは、単純な理由もあります。何も自分から齢を言い聞かせなくてもどうせ気がつくときが来るからです。

死ぬまで元気な人なんていません。85歳を過ぎるくらいの年齢になれば、体力はがっくり落ちるし運動機能も衰えます。それまでどうにかできていたことがだんだんできなくなってきます。歩くとか立ち上がるといった単純な動作でも思うようにいかないし、苦しくなってきます。

すると、厭でも齢を思い出します。

「いくつになるんだっけ、そうかもう87歳か。だんだんできないことが増えるのも仕方ないな」と納得します。

そこで齢に抗《あらが》う人もいるかもしれませんが、わたしはもう楽な生き方や暮らし方を選べばいいと考えています。

「もう楽しよう。できないことは手を借りたり頼んだりして、できることだけ楽しんで暮らそう」

そう割り切ったほうが心は自由になります。人に頼っちゃいけないとか、齢に負けちゃいけないと考えてしまうと、いろいろなことを自分に禁じたり、逆に押しつけたりすることになりますが、そのぶんだけ心は不自由になっていきます。

そうなるくらいなら「もう頑張らない」と決めたほうが楽です。

身体が思うように動かなくても音楽を聴いたり歌を歌ったり、本を読むことはできます。脳さえ元気なら座ったまま、横になったままでも楽しめることがいろいろあります。いまはオーディオブックがたくさん出ていますから、読みたい本をヘッドフォンで楽しむことができます。

あるいは近所の散歩です。長い距離を歩かなくても、あるいは足腰を鍛えるためのウォーキングなんかやらなくても、自分が好きな場所やコースを杖を片手にのんびり散歩して、それでも疲れたらベンチでゆっくり休めばいいのです。コースにお気に入りの喫茶店や甘味処《どころ》を組み込んで、そこでの一休みを楽しみに出かけてもいいです。一切無理しないと決めてしまえば、できることは案外、広がっていくものです。

それによって、伸び伸びとした心の自由さえ守れるなら、齢には逆らわず、老いを受け入れる人生も決して悪くないような気がします。齢なんかただの目安です。自由自在につき合えばいいのです。

3章

心の老いは身体より早く始まる

心が老いるとワクワク感が小さくなってくる

私たちが「齢を取ったな」と感じるのは、体力が衰えたり運動機能が低下したときだけではありません。

これはたいていの人が気づいていると思いますが、身体的な老いの前にまず、気持ちの老いが自覚されるのです。

たとえば居酒屋好きの男性が友人から「駅の向こう側にいい店見つけたんだ。こんど飲みに行こうよ」と声を掛けられたようなときです。

あんなに居酒屋が好きだったのにふと「億劫《おっくう》だな」という気分になります。

とくに忙しいわけでも疲れているわけでもないのに、何となく気が進まないのです。

その友人が「いつ行ける?」と誘ってくると「そのうちな」と曖昧な返事になってしまいます。

面白そうな映画をやっているとか、好きな作家の新刊が出たとか、以前なら休日になるとすぐに目的地へ出かけたようなことでも、「急がなくていいか」とか「そんなに評判良くないな」とブレーキをかけてしまいます。

以前だったら「すぐ行こう！」でした。満足するかガッカリするか、そんなことは観てから、読んでからのことです。「面白そうだな」と思ったときには「行ってみよう！」という気になったのです。

それがだんだん自分でブレーキをかけるようになってきます。身体が動かないわけではないのですから、これは心のブレーキです。

「どうせ大したことないだろう」とか「いまじゃなくてもいつでも行けるんだから」とかいろいろ理由をつけますが、簡単に言えば心がそれほど動かなくなったのです。かつてのようなワクワク感が膨らんできません。

かつてはどうだったでしょうか。「面白そうだ」とか「いいな」「行ってみたい」と思えばもう動き出していました。ワクワクしてくると抑えきれません。それだけ心が若くて奔放だったのです。

逆にあれこれ言い訳をして行動をためらってしまうのは、それだけワクワク感が小さくなっているからだとも言えます。心が老いるとワクワクしなくなるのです。

ワクワクしなくなるのは前頭葉の老化が原因

脳も身体の一部分ですから加齢によって老化します。脳の中でもとくに前頭葉と呼ばれる部位は老化の始まるのが早くて、人によっては40代のころから機能が衰えてきます。

前頭葉が老化すると感激や感動といった心のときめきが薄れてきます。いわゆる感情の老化と呼ばれるものですが、外の世界への関心が薄れてくるのです。

すると好奇心とか憧れのようなワクワク感もなくなってきます。旅行でもグルメでも、ワクワク感がなくなってくると、自分を突き動かすものも弱くなります。「時間がない」とか「少し疲れも溜まっているし」といった言い訳も入り込みやすくなります。

すると「どうせ混んでるだろう」とか「味はだいたい想像できる」といった、動かない自分を正当化する理屈も出てきます。

でも、いろいろ言ってみたところで、ワクワク感が弱くなっていることがいちばんの原因でしょう。前頭葉が若々しいころでしたら、「わあ、行きたい」「いますぐ食べたい!」といったワクワク感が爆発しますから、先延ばしの言い訳なんか入り込む余地がないの

郵便はがき

お手数ですが
切手を
お貼りください

150-8482

東京都渋谷区恵比寿4-4-9
えびす大黒ビル
ワニブックス書籍編集部

お買い求めいただいた本のタイトル

本書をお買い上げいただきまして、誠にありがとうございます。
本アンケートにお答えいただけたら幸いです。
ご返信いただいた方の中から、
抽選で毎月5名様に図書カード(500円分)をプレゼントします。

ご住所　〒 TEL(　　-　　-　　)	
(ふりがな) お名前	年齢 歳
ご職業	性別 男・女・無回答
いただいたご感想を、新聞広告などに匿名で使用してもよろしいですか？　(はい・いいえ)	

※ご記入いただいた「個人情報」は、許可なく他の目的で使用することはありません。
※いただいたご感想は、一部内容を改変させていただく可能性があります。

●この本をどこでお知りになりましたか?(複数回答可)

1. 書店で実物を見て　　2. 知人にすすめられて
3. SNSで(Twitter:　　Instagram:　　その他　　)
4. テレビで観た(番組名:　　)
5. 新聞広告(　　新聞)　　6. その他(　　)

●購入された動機は何ですか?(複数回答可)

1. 著者にひかれた　　2. タイトルにひかれた
3. テーマに興味をもった　　4. 装丁・デザインにひかれた
5. その他(　　)

●この本で特に良かったページはありますか?

[　　]

●最近気になる人や話題はありますか?

[　　]

●この本についてのご意見・ご感想をお書きください。

[　　]

以上となります。ご協力ありがとうございました。

です。

　ワクワク感の衰えも心の老いを感じさせます。

「初めて経験することにワクワクしなくなった」

「料理でも旅行でも、慣れているメニューや訪ねたことのある場所のほうが安心する」

　期待して裏切られるよりある程度結果の予測できるもののほうが安心というのもありますが、予測不能の世界にワクワクする前頭葉が衰えると、どうしても慣れている世界を選ぶようになってしまいます。

　サラリーマンのランチなんかがわかりやすいでしょう。若いころは「今日はなに食べようかな」と考え、あっちの店、こっちの店、評判になっている店や行列のできている店にせっせと出かけていました。

　ところがある年齢になってくると、ランチのメニューが決まってきます。「○○軒のラーメン」とか「○○屋の天ぷらそば」といった定番メニューが決まってしまい、それ以外の店には出かけなくなってきます。

　自分でもつくづく「よく飽きないな」と感心しますが、慣れ親しんだ味がいちばん無難だと思い込んでいます。心の老いはランチのメニューにも表われるのです。

「丸くなったな」と気がつく心の老いがある

もう一つ、心の老いを教えてくれるものに協調性があります。

協調性には少しも悪いイメージはありません。組織で仕事をしていればチームワークは何より大事ですから、協調性こそ求められます。

自分の考えや意見にこだわってチームに逆らうとか、命令や指示に従わないような人間は組織には不要ですから、どんなに能力があっても「あいつはわがまま」とか「自分勝手で協調性がない」と見なされてしまいます。

ここでも面白いのは、協調性が成長とか成熟としばしば同一視されることでしょう。

「入社したころは逆らってばかりいたけど、最近はだいぶ協調性が出てきたな」

「彼も近ごろは協調性が出てきた。成長したんだな」

組織に馴染んできた部下を上司はしばしばこんな言い方で褒めます。採用面接の場でも、協調性の有無は大事なポイントになるでしょう。協調性が身についてきたかどうかが成長の目安にされてしまいます。どんなに在社年数が長くても、協調性のない人間は出世できなかったり大きなプロジェクトに入れなかったりします。

ところが老いてくると、この協調性が自然に備わってきます。

備わってくるというより、自分に言い含めるようになってきます。

「いい齢をしてわがまま言うと嫌われるな」とか「齢なんだからもう少し穏やかにならないと」と自分に言い聞かせ、家族や周囲の意見に合わせるようになってくるからです。

それができるようになると、ふと自分でも気がつきます。

「わたしも丸くなったな。それだけ齢を取ったのかな」

そう考えることで何となく納得してしまいます。

でも、自分がやりたかったことや主張したかったことはどこに消えたのでしょうか。

抑え込んで我慢したのだとすれば、心は不自由を受け入れたことになります。

そのことで老いを実感できたとすれば、それも心の老いということになるはずです。

周囲に合わせる、同調圧力に負けてしまう

心の老いは年齢に関係なく始まります。

通常なら脳が老化するはずもない10代20代であっても、心の自由を封じ込めようとすることがあるからです。

自分の意見や考えていることを飲み込む、やってみたいことを我慢する、周囲に合わせて行動する、こういったこともすべて心の自由を封じ込めることになります。考えてみれば学校教育そのものが心の自由を制限してきました。友だちが多くてみんなと仲良くできる子が「いい子」です。親や先生の言うことに従うのが「いい子」です。和を乱さないとか、社会の道徳やモラルを守るのが「いい子」です。

この流れは大学に入っても続きます。

高等教育は本来、それまでに学んだ知識をもとに自分で考えたり、推理したり、あるいはそれを試してみる学生を育てることだったはずですが、大学生になっても上から教え込まれた理論や学説をそのまま覚えることが勉強になってしまいます。いくら自分で

自由な発想をしても、教わった理論や学説から外れていれば評価されません。心の自由を抑え込まれたままで社会に出るのです。

社会に出れば今度は協調性ですから、ここでも上司や同僚に合わせることが生き延びる道になります。世の中の風潮とか常識に従うしかなくなります。同調圧力にも簡単に負けてしまうのです。

周囲に合わせているかぎり安全です。誰からも非難されないし、目立つこともありません。無意識のうちに安全、安心を選んでしまうというのも心の老いの表われでしょう。

なぜならワクワクしたりドキドキしたりすることがないからです。

「これを言い出せばみんなに非難されるだろうな」

「でも共感してくれる人だっているかもしれない」

どっちになるかわからないけど、とにかく自分が思ったことを話したり、やりたいことを実行するときにはドキドキするはずです。心が老いてくると、そういうドキドキすることやワクワクすることを避けるようになってきます。

年齢呪縛に捕まりやすい人の生き方

高齢になってくるとほとんどの人が慣れた世界を選ぶようになります。たとえばメニューを眺めて初めての料理と食べ慣れた料理があれば、どうしても食べ慣れた方を選びます。

これは味つけや素材がわかっていたほうが安心だからです。脂っぽくて食べられないとか固くて食べられないとか、そういうことだけはなくなります。

旅行や読書でも同じです。聞いたこともない場所より、何度も出かけた観光地、全国的に有名な町や温泉を選びます。読書もよく知っている作家や好きなテーマの本を選びます。

すべて、大きく期待を裏切られることがないとわかっているから安心なのです。

ところが同じ高齢者でも若々しいタイプは違います。

結果がわかっている世界より、予測できない世界のほうを選びたがります。たとえばみんなで食事をするときでも、メニューに聞いたことのない料理名を見つけると「これなんだろ？　食べてみるかな」と面白がります。

周りが「やめとけ、食べ残したらもったいない」と声をかけても「そのときは手伝ってくれ」と愉快がります。結果はもちろんいろいろです。思いがけない美味しさに大喜びするときもあれば、やっぱり口に合わなくて「失敗したなあ」と後悔するときもあります。

でもこういうタイプはめげないのです。

同じような場面になればまた未知のメニューに挑戦します。旅行や読書、あるいはファッションでも同じです。知り尽くした安心感より、未知の経験や世界のほうに惹かれてしまいます。ワクワク、ドキドキすることが快感だからです。

こういうことは、必ずしも高齢者に限った話ではありません。年齢に関係なく、結果がわかっている安心を選ぶ人と、予測できない世界のワクワク感を選ぶ人がいるからです。わたしはここにも心の老いや若さが表われていると思います。

どんなに年齢が若くても、結果が予測できる安心・安全を選ぶ人は、すでに心の老いが始まっている可能性があります。そういう人が結局、ある年齢になると「わたしももう70歳過ぎたのだから」と意識し、年相応の分別や落ち着きを言い聞かせ、好奇心を抑え込んで自分の願望を封じ込めてしまいます。年齢呪縛に捕まりやすいのです。

なぜなら年齢というのはいちばん確かな現実になります。

やってみたいことや、試してみたいことがあっても、「もし失敗したら」と考えるとついためらいます。結果を予測できない世界に踏み出すことは勇気が要ります。たとえ心がそれを求めているとしても、「いくつになったと思うんだ」と実年齢を言い聞かせることで諦めがつきます。確かな現実を持ち出せば、心の不自由を受け入れることも納得できるのです。

失敗や期待外れを笑って楽しめるかどうか

旅先や観光地のグルメで、「評判ほどじゃなかった」とか「予想と違ってた」とガッカリする人がいます。

その期待や予想がどこから来ているかといえば、たいていは「食べログ」のようなネット情報です。ユーザーの評判がいい店や人気の店を選びます。当然、混んでいたり行列ができていたりしますが、ここは我慢です。

「やっぱり人気あるんだな」と納得します。席に着いてもある程度の情報が入ってますから選ぶメニューも迷いません。ここまではすべて予定通りです。

ところが、実際に食べてみて評判ほどじゃなかったり、予想と違っていたりすると騙《だま》されたような気分になります。「さんざん待たされてこの程度か」と思えば、腹が立つことだってあります。

あるいは食べてみてほんとうに美味しかったとしましょう。

そのときは「うん、さすが人気店だけあるな」と納得できます。

そういう流れを思いだしてみると、どこにハラハラしたりドキドキするようなスリルがあるでしょうか。あるいは「大当たりだ」と喜ぶ瞬間があるでしょうか。「やっぱりな」とか「まあ、こんなものかな」といった淡々とした感情が流れていくだけです。

でも「この店、何だか気になるな」と自分の直感だけを頼りに何の情報もない店に入ればどうなるでしょうか。味はまったく予測できないので、料理が出てくるまでは少しドキドキします。目の前に並べばワクワクするでしょう。実際に食べてみて美味しかったら「やった！」と快哉《かいさい》を叫ぶかもしれません。なんといっても自分の直感が的中したのですから「どうだ！」と威張りたくなります。

不味《まず》かったらどうなるでしょうか。

どうってことありません。「美味しい」という情報はなかったのですから、「今回はハズれだったか」と諦めるだけです。本格的に不味かったら「これだけまずいラーメンもなかなか食えないな」と呆れるのもいい経験です。苦笑いしておしまいでしょう。少なくとも、「騙された！」と腹を立てることはありません。ダメもとで選んだ店ですから、まずまずの味なら嬉しくなるはずです。

いまさら年齢を持ち出すほうがおかしい

齢を取るとますます安全・安心を選ぶようになるというのは、それだけ経験を積んできたせいもあります。

「若いころはろくに考えないで行動に移していた」とか、「そのときの気分や思いつきで選んできた」とたいていの人が反省します。

ましてや高齢になると、「みっともないところは見せたくない」とか「笑われたくない」という気持ちが強まりますから、その場の思いつきや気分で選んだり動いたりするのは恥ずかしいことだと考えます。年寄りの分別とか人生経験を見せつけたくなります。

ここが大きな勘違いです。

理由は二つあります。

まず、本人が思い込んでいるほどの経験を積んできたのかどうか？

それから思いつきや気分で動くのがほんとうに恥ずかしいことなのか？

この二つです。

「わたしだってもう80近いんだ、それなりにいろんなこと経験してきた。この齢になって失敗したら恥ずかしい」

そう考える人がいたとします。でもほんとうにいろんな経験を積んできたでしょうか。

さっきも説明したように、30代40代、場合によっては10代20代のころから安心・安全の道を選んでこなかったでしょうか。たまに失敗すると、ますます無難な道を選んできた人生ではなかったですかということです。就職でも仕事でも、遊びや趣味のような気楽な世界でも、「まあ、こっちのほうが確実だし大きな失敗もないだろう」という基準で選んできました。

はっきり言えば、たいしてリスキーなことはしてこなかったのです。失敗経験といったところで笑い話で済むようなことだけです。

ところが年齢を意識したとたんに、自分にはそれなりの人生経験があるとか、いまさらみっともない姿は見せたくないと思い込んでしまいます。じつはこれだって年齢呪縛です。

ふとやってみたくなったり「楽しいだろうな」と憧れる世界に出会っても、自分でブレーキをかけてしまうというのはどう考えても不自然だからです。

せっかく齢を忘れて心がワクワクしてきたのに、わざわざ忘れていた齢を言い聞かせるのですから、自分から不自由に捕まっていることになるからです。いまさら年齢を持ち出すほうがおかしいのです。

「失敗したら恥ずかしい」なんて大げさすぎる

思いつきや気分で動くことも同じです。

ちょっと海外に行ってみたいなとか、触ったことのない楽器に挑戦してみようかとか、どんなことでも思いつきやそのときの気分に乗って動ける人は心の若い人です。

まして高齢になると時間があり余っています。現役時代のように「忙しいから無理」といった制約はありません。いままであった制約からすべて自由になって好きなことをやっていい時期なのです。

そこで失敗したとしても、何か大きなダメージがあるでしょうか。

海外に出かけたら食べ物が身体に合わず旅先で寝込んでしまったとか、あるいはピアノを習ってみたけど小学生と一緒に発表会に出て爆笑されたとか、その程度のことです。仕事より遊びを優先させたわけでもないし、せいぜい「齢を考えろ」と笑われるくらいでしょう。

その程度のことなのに、「失敗したら恥ずかしい」と考えるのはなぜでしょうか。

若いころからずっと安心・安全の道を選んできたからでしょう。

そういう自分が、分別の塊のような70代とか80代にもなって、子どもみたいな失敗をするというのはどうしても恥ずかしいし、周囲に知られたくないことになってきます。年齢にこだわるからそういう気持ちになります。

でも70代80代にもなって、子どもみたいな失敗ができるのは心が若々しいからです。少しも恥ずかしくないどころか、胸を張ってもいいくらいです。

それに失敗しても笑って済む年齢です。

「つい齢を忘れていた」と笑ってしまえば、周囲だって「わたしも挑戦してみるかな」と面白がってくれます。高齢になったらむしろ、失敗を楽しむ気持ちになったほうが人生は愉快だし、若いころにやりたくてもできなかったことを、気軽に楽しめるようになってくるはずです。

空想に遊ぶ時間は老いにとって大切な時間です

どんなに高齢になっても、思いつきや計画だけなら誰でもできます。

それこそ若いころに諦めた冒険でもいいし、おカネをつぎ込んで贅沢《ぜいたく》するのだって計画ぐらいはできます。

それならまず計画を立ててみましょう。

それが実現できるかどうか、つまり可能性については考えなくていいです。

可能性を考えると、

「体力がない」

「覚えが悪くなっている」

「持病が心配」

「おカネがなくなる」

といったマイナス要因が次から次に出てきます。

すると結局、「やっぱり無理だな」という結論が早々に出てしまいます。その時点で計画もバカバカしくなって止めてしまいます。

でも計画段階でマイナス要因を数え上げてしまうと、どんなプランでも「どうせ無理」で終わってしまいます。何を計画してもすぐに「いくつだと思っているの」「できっこない」と諦めるしかなくなります。

するとどうなるでしょうか。

計画すら立てなくなります。心がワクワクしたりときめいたりすることがなくなるのです。これでは想像したり考えることの自由さえ失われてしまいます。本来、身体がどんなに不自由になっても考えることや思うことは自由なのに、その最低限の自由すら自分で放棄してしまうのです。

すると心が解き放たれる時間すらなくなります。いつも塞ぎ込んでいる状態です。

それが老人性のうつ病につながりかねないのは想像できると思います。

過去を振り返るのも同じです。

うんと齢を取って、横になったり座ったりする時間が増えてくると、居眠りしたりぼんやりしている時間が多くなります。

そういうときでも、昔のことや幸せだった日々のことを思いだし、その思い出をゆったりした気分で楽しめる人は幸せでしょう。「あのころに戻りたいな」という気持ちになったとしても少しも不自然ではないと思います。

ところがそういうときでも、「いまさら昔のことなんか」と思い出に浸ることすら禁じる人がいます。「現実を見なくちゃ」とか「寝てるより身体を動かすほうが大事」と容赦のない人がいます。言ってることは正しいかもしれませんが、思い出に遊ぶ心の自由ぐらい許していいような気がします。老いて動けなくなったら、空想の世界に遊ぶというのも大切な時間になってくるからです。

「あれもダメ、これもダメ」で心は塞ぎ込む

考えることや空想することの自由すら自分で遠ざけるようになってしまえば、何が残るでしょうか。

身体がだんだん動かなくなってくれば、行動半径もしだいに狭まってきます。いつも

自宅の中、いつも家族の眼の届く範囲にいるのが安心だとしても、自分が楽しくなければ人質になっているのと同じです。

すると心はどんどん塞ぎ込んできます。

外部からの刺激もないのですから、認知機能も衰えていくでしょう。いちばん心配なのは老人性のうつ病です。わたしがしばしば書いてきたことですが、高齢者のうつ病は家族や周囲の人からは「ボケてきたね」とか「ぼんやりばかりしているね」と見られてしまいます。「齢のせい」で片づけられてしまうことも多いのです。

老化は病ではありませんが、うつ病ははっきりとした病です。老化を薬で止めることはできませんが、うつ病は病ですから精神科や心療内科で診てもらえば薬やさまざまな治療法で治すことができます。放置すれば死に至ることもある怖い病気だということもはっきりと認識しておくべきでしょう。

心の元気を取り戻す簡単な方法は外に出ること、楽しい仲間など人と話すことです。陽の光を浴びながら仲良しの人とおしゃべりしたり、お馴染みの店でお茶を飲んだりケーキを食べたり、そういう朗らかな時間を過ごすのがいちばんです。

そこでいろいろな計画を話し合ったり、あるいは楽しかった出来事を思い出しながら雑談をしたりすれば、少なくとも心は若返ります。気持ちが軽く、明るくなってくるのです。

4章　「老害の人」の正体

齢を自慢し合うグループには近づかない

高校時代の同級会などで、昔の友人が揃うとかならず齢の話が出てきます。

同級生だから年齢は同じです。

ただ誕生日が来たか来ないかの差で満年齢が違ってくるので、一歳の差があります。

変な話ですが、この一歳の差を強調する人がいるらしいです。

「オレは先月で80歳になったよ、まだ元気なつもりだけど、いつ何があってもおかしくない齢だな」

相手がまだ誕生日前の79歳と知ると、たった1歳の違い（正確には一か月だったり数日だったりします）なのに上から目線になるのだそうです。

同級会でこうですから、さまざまな年齢が集まる卒業生の同窓会ともなると大変です。70歳は60代に威張り、80歳が70代に威張り、90歳が80代に威張ります。「君たちはまだ若くて羨ましいな」と口先だけは低姿勢ですが、「いまに老いのつらさを思い知るだろう」とどこか偉そうです。こういうのは相手にしなくていいです。

ただ年齢を重ねているだけならいまの世の中、いくらでも高齢者はいます。90歳が威張ったところで100歳にせせら笑われるだけです。いくつになっても心の若い人は、自分の齢のことなんか頭から抜けていますから、そもそも話題にもしないのです。

やりたいことをやって人生を楽しんでいる高齢者に、「ところで何歳になりますか？」と聞くと「ん？　こないだ80になったなあ、いまいくつだっけ？　85かな、もういい齢だなあ」と自分で感心するような返事が返ってきます。それくらい頭から年齢のことが抜けています。

あるいは年齢を照れくさがる人さえいます。

「いやもう88ですよ。いい歳をして、何やっているんでしょうね」

そう苦笑いするような人です。実年齢から自由になっている人、まったく縛られていない人です。

それに比べて、自分から齢を言い出したり老いをひけらかすような人は、実感のないものに捕まって不自由に生きている人ということになります。そういう人やグループに、わざわざ近づかなくていいのです。

「年甲斐もない人」が羨ましがられる時代になっている

80歳過ぎても若い人と同じファッションを楽しむ人がいます。女性でも男性でも珍しくありません。髪を染めたりカジュアルなバッグを肩に掛けたり、派手なサングラスをつけている高齢者がいたとしても、それほど驚かれたりしませんし、まして変な目で見られることもありません。いまはそういう時代になっています。

一昔前は違いました。

「変な格好してるな」と冷たい視線が向けられました。

「恥ずかしくないのかね」と軽蔑する人さえいました。

ところがそういう高齢者が珍しくなくなってくると、今度は「わたしもやってみようかな」と思います。なぜなら、よく似合っているからです。

たとえば古い友人と久しぶりに会ったらジーンズに真っ赤なポロシャツ、おまけにサングラスまでしています。

「同級生だからもういい齢だ。でも案外、似合うもんだな。少し腹が出ているけどまだジーンズだって穿けるじゃないか」

友人は若々しい笑顔を浮かべて「この夏はキャンプしながら北海道を車で一周したよ、面白かったし、わたしより年上の人がたくさんいたよ」と嬉しそうです。

そういう話を聞くと、齢を意識して地味な格好をしている自分が恥ずかしくなります。どう見ても自分のほうが年寄り臭くて精彩もないからです。

つまり、かつてでしたら「年甲斐もない」と軽蔑されたような人のほうが、自由に楽しく生きていることに気がついてしまいます。軽蔑どころか羨ましくなるのです。

年甲斐のない人がなぜ素敵に見えるようになったのか。

とても自由に見えるからです。他人からどう思われるかなんか気にしないで、自分がやりたいことをやっています。その気持ちよさが表情に表われると、女性でしたら可愛らしく見えるし、男性でしたら溌溂としています。

齢にこだわっている人にはこの可愛らしさや溌溂さがありません。羨ましく思うのも当然なのです。そうとわかったら、あなたも齢相応の人生より「年甲斐のない」人生や生活スタイルを目指してください。ファッションや趣味に限らず、遊びでも勉強でも、「いまさら」とか「この齢になって」と諦めていた世界がすべて、「やるならいまだ」と膨らんでくるはずです。

自分より年上の元気な人とつき合おう

「自分より高齢の人から若さをわけてもらった」

そう言った70代の女性がいます。

「若い人とつき合うと、たしかに華やいだ気分になるけど、どうしても自分の老いを意識してしまう。でもわたしよりずっと年上なのに元気な人とつき合うと自分の歳を忘れてしまう」

この感覚はわかります。

たぶん70歳を過ぎたくらいの人でしたら、同じような経験があると思います。

趣味や勉強のサークルなんかでも、そこに自分より若い人が多いと「ついていけるかな」と不安になりますが、はるかに年上の人が混じっていると安心するし勇気づけられます。

「マイペースでやっていこう。2年間のコースに5年かかってもいいんだから」

そう考えれば気持ちに余裕が生まれてきます。

自分よりはるかに年齢が上の人と一緒だと、自分がまるで子どもみたいに感じるから、かえって力みとか気負いがなくなって楽になれることが多いのです。

ましてその年長者が元気な人、若々しい人でしたら「わたしなんかまだ若い」という気分になります。

あなたが自分の夢や計画を話すと「まだ若いんだからやってみなさい」と応援し、「いまは何でも便利になっているから大丈夫だよ」と励ましてくれます。

「もう少し若かったらわたしもやりたかったな」と羨ましがってさえくれます。こうなるとあなたも勇気が出てきます。「そうだな、わたしなんかまだ70過ぎたばかりじゃないか」と自分を励ますことだってできるのです。

そして感じるのは、自分より高齢でも若々しい人たちに共通する心の自由さです。

わたしが精神分析を学んだ土《ど》居《い》健《たけ》郎《お》先生は89歳で亡くなりましたが、晩年になっても学会の権威や定説を批判し、「評価なんて死んでから定まるんだ」と批判を恐れず自分の研究を続けていました。

わたしが尊敬している養老孟司《たけし》先生にしても、85歳を過ぎてなお昆虫採集に少年のような情熱を傾けていますし、世の中の権威や常識に真っ向から異を唱える心の自由さを失っていません。そういう元気な先輩と向き合うと、自分の心も若さを取り戻すことができるのです。

年齢あっての自分ではない

著名人が死ぬと新聞の死亡欄にはかならず年齢と死因が公表されます。ふつうの人でも死んだとわかればまず確かめたくなるのが年齢（享年）と死因でしょう。

「いくつだったのかな？」「何の病気だったのかな」と気にします。

エッセイストの下重暁子《しもじゅうあきこ》さんが自分より年下の知人の訃報に接して、その死因に老衰とあったときに「なんと面倒なことよ」と嘆いていました。

自分より若くして亡くなった人が老衰だなんて、ある意味で驚きです。ほかに死因らしき病気も見つからなかったのだとしても、それなら自然死でも不明でもいいのに無理やり死因を特定し、老衰という残酷な言葉を当てはめるのは無意味なことではないかというようなことを述べていました。

この感覚もわかります。

死んだときの年齢も死因もはっきりさせないと気が済まないのが世の中です。でも一人ひとりの生き方が違っているように、死に方も違っています。大事なのはどう生きたかということで、何歳で死んだか、死因は何かというのはどうでもいいような気がします。寿命だった、それだけでいいのではと思います。

生きているときの年齢も同じで、70歳だから食生活を変えろとか、75歳過ぎたから後期高齢者だ、80歳ならそろそろ認知症が出てくるといった年齢当てはめの区分は意味がありません。要はその人が毎日どう生きているか、どんな暮らしを楽しんでいるかが大事なのであって、体力の衰えや体調の不安があったら自分なりに工夫してできることをやり続けるしかないはずです。

それでもある年齢になれば、老いに気づかされるときが来ます。

それが何歳のときに起こるのかというのも人によってさまざまになります。

元気なうちは齢なんか忘れてやりたいことをやっていいし、老いを自覚したらそのときに「そういう齢なんだな」と認める。いよいよのときが来たら「寿命じゃしょうがない」と年齢を受け入れる。それが何歳であっても人それぞれの寿命だと思うしかありません。年齢なんか後からついてくるものではないでしょうか。

少なくとも、「もう何歳だから」と自分を拘束する必要はありません。

あくまで自分あっての年齢でしかないのです。

もう相手の年齢を気にしなくていい

高齢になって楽なのは相手の年齢を気にしなくていいことです。

勤めていたころはそうもいきませんでした。50代とか60代前半までは、どうしても仕事上のつき合いが多くなります。相手が自分より若いか年長かというのは最低限、わきまえておく必要があります。話題の選び方にも気を遣うでしょう。

でも現役をリタイアして仕事抜きのつき合いが多くなると、もう上下関係はなくなりますし、そういう形式的なことはどうでもよくなります。

つき合って楽しい人とつき合えばいいのですから、年齢はあまり気になりません。

自分より年上だろうが年下だろうが、同じ話題で盛り上がるし言葉遣いにもそれほど気を遣うこともなくなります。

もちろん礼儀は尽くしますが、それはお互いに心がけることです。つき合って楽しい人はどんなに年上でもこちらを見下すような話し方はしないし、こちらだってどんなに親しくなっても丁寧な言葉遣いだけは忘れないようにするからです。

これでもう十分ではないでしょうか。

礼儀さえ忘れなければ、あとはもう遠慮しないでお互いに言いたいことを口にできます。心の自由を妨げるものがないから楽しいのです。

考えてみればこういう人間関係はありそうでなかったことです。

学生時代だって20代30代のころだって、先輩後輩の関係はつねにありました。相手が年上か年下かによって態度や言葉遣い、ときには自分の意見だって変えてきたのです。

そういうのはすべて、心の不自由な人間関係でした。

いまはもう、つき合って楽しい相手とだけつき合えばいいのですから、心の枷はなくなります。

ところがここでも年齢呪縛に捕まっている人は相手と自分の年齢を比べてしまいます。

相手がほんの数歳年下とわかっただけで、「そのうち老いを意識するようになる」とか、相手が年上とわかれば「若く見えるけど無理しているな」と同情します。人間関係の中にどうしても年齢を持ち込もうとするのです。

老害の人の正体

それにしても不思議です。

せっかく相手の年齢を気にしなくていい人生を迎えたのに、わざわざ不自由な人間関係を作るのはなぜなのかと考えてしまいます。

仮に自分より若々しく見える人が、じつは年上だとわかっても、そこで敬意やいたわりの気持ちが生まれてくるわけではありません。いまも書いたように「無理しているな」とか「若づくりしてるな」と思うだけで、どちらかといえば軽蔑したり違和感を持ちます。プロローグで女性の年齢にこだわる男の話を紹介しましたが、年齢呪縛に捕まっている人にはそういう傾向があります。女性はそんな男とつき合わなくていいのでした。

自分より若いとわかればどうなるでしょうか。

今度は威張りたくなります。相手の意見や考え方に納得しても、自分のほうが高齢なんだと威張りたくなるのです。これもおかしな心理です。だからなんだというのでしょうか。

年齢には上下関係があります。

単純に言って、年上のほうが偉いというイメージです。年少者が自分より年上の人を敬うというのは儒教が教える道徳の一つになりますが（「長幼の序」）、自分が相手より年上とわかって威張りたくなるというのは、それとは違います。単なるマウントです。実年齢を権威にしてしまったら、威張るだけの高齢者になってしまいます。

これがいちばん嫌われる老害の人ということでしょう。

5章

老いの孤独は不幸なだけだろうか

心の枷になっていた人間関係がある

心の若さを失わないためには、自由を求める気持ちが大切だとここまでに書いてきました。

不自由を受け入れることで心はいつも塞ぎ込んでしまい、それが老いを加速させるのだとすれば、自由になれるということは喜びでしかないはずです。

でも現実には、自由が不安や頼りない気持ちを生み出すこともあります。ずっと不自由を受け入れて、それに慣れてしまった人は、不自由なままのほうがかえって安心することがあるからです。

たとえばグループや集団です。

学生時代のクラスやサークルでも、あるいは長く勤めてきた職場でも、そこが自分の居場所だと思えば安心感があります。みんなに合わせなくちゃいけないとか、言いたいことが言えないとか、窮屈を感じることはあってもとりあえず一人ぼっちにはならないからです。

でもじつは、「仕方ない」という気持ちもあります。

「好きに動きたいし気の合わない相手だっている。だけどまあ、しょうがないか」という諦めです。「しょうがないか」というのは、たとえば職場のように、簡単には抜け出せない集団があるからです。

仕事は大事ですし、生活がかかっていますから「面倒くさいな」という理由で抜け出すわけにはいきません。転職や退職だっていざ実行しようと思えば度胸がいるし、また新しい集団に入って最初からやり直しと考えると、そのほうが面倒くさいのです。

定年退職というのは、そういう意味では便利な制度です。長く所属してきた組織からごく自然に抜け出せます。制度ですから度胸も要らないし、手間もかかりません。65歳になれば自動的にずっと不自由を強いてきた人間関係から自由になれるのです。

そのときによく、「居場所がなくなった」という感覚を持つ人がいます。不自由に慣らされた人です。心の枷に慣らされた人と言うこともできるはずです。

老いることは自由になることと気がつくかどうか

職場には長い年月、積み重ねてきた人間関係があります。

朝から晩まで続いてきて、しかも上下関係でもありますから心を圧迫してきたのは間違いないことです。

それが定年でいきなり、すべて消えてしまいます。

同時にノルマや責任といったものも消えます。これも心に圧《お》し掛かってきたものでしたから、とてつもない解放感が生まれるはずです。

もちろん働きたい人は働き続けることができます。再雇用でも再就職でも、仕事をするだけなら70代になってもほとんどの人が続けることができます。

でもそこで生まれる人間関係や、ノルマや責任もかつてに比べれば小さなものでしょう。基本、自由になったことには変わりないのです。

ところがそのことに気がつかなかったり、居場所がなくなった心許《こころもと》なさだけに捕まってしまう人がいます。むしろそういう人のほうが多いでしょう。

それどころか不自由になったと感じる人さえいます。

体力が落ちて行動半径が狭くなった。

健診の数値が高めで食事の制限や薬の服用が増えてきた。

耳が遠くなったり視力が衰えて不便が増えてきた。

挙げていけばいくらでも出てきますが、身体的な老いは不自由を感じさせることが多いのです。

するとどうしても、閉じこもって暮らすようになります。少しも自由ではありません。

でもそういうのはすべて身体の不自由です。90代になって本格的な身体の不自由を実感するならともかく、まだ元気な70代のうちに「もう70過ぎたんだな」と老いたことを嘆いて暮らすようになってしまいます。

つまりここでも年齢呪縛、心の老いに捕まってしまうのです。

いままでの自分を束縛してきた組織や人間関係から自由になれたということは、それだけでも解放感に浸っていいことです。大きく背伸びして「さあ、今日から自由だぞ」と喜んでいいはずです。

小さな不自由が増えたとしても、大きな自由が手に入ったのですから、そのことをまず喜ぶこと。それさえできれば、「さあ、これから何をしようか」とワクワクしてきます。これだけでも心の若さを失わずに生きていけるのです。

働けるうちは働きたいというのも「心の若さ」

定年を迎えて職場を去ると決まったときに、ほとんどの人は「仕方ない」と受け止めます。制度だから仕方ない、組織の若返りも必要だから仕方ない、年寄りがいつまでも上にいたら若い人が伸びない……とにかく定年制度そのものは仕方ないと受け止めるしかありません。

でも「まだ働けるのになあ」という気持ちの人もいると思います。

べつに組織にしがみつきたいからではなく、純粋に仕事をしたい、働きたいという気持ちです。

これを経済的な理由だけに限定するのは間違いでしょう。たしかに年金だけでは心許ないとか、それぞれの事情があるかもしれませんが、まだ身体も動くし元気だからぶらぶら暮らすのは厭だという人も大勢いるはずです。

そういう気持ちは男性でも女性でも、ごく自然なものだと思います。

「働いた後のお風呂やビールがたまらない」とか、「人に喜んでもらうと嬉しさが込み上げる」とか、「自分がまだまだ必要とされていると気がつくのは幸せ」とか、「日銭商売でもおカネが入ると元気が出る」とか、とにかく人それぞれにいろいろな理由があって働くのが好きという人だっていると思います。

高齢になっても仕事があるかどうかというのは、「心の若さ」を考えるときにかなり大事な問題になってきます。

親の代から続く個人商店を細々と経営してきた70代半ばの男性がいます。

学生時代の友人と久し振りに顔を合わせたとき、この男性はつい愚痴を漏らしたそうです。

「会社勤めだと定年後は年金で不安もなくのんびり暮らせるから羨ましいな。オレなんかいくつになってもあくせく働かないといけない」

友人は大企業を定年まで勤め上げて、いまは車であちこちに旅行して楽しそうに暮らしています。ときどき誘いがかかるのですが、友人のように平日の休みはなかなか取れないのです。だから羨ましいと漏らしたのですが、思いがけない返事が返ってきました。

「でもなあ、おまえみたいにいくつになっても仕事がある人間のほうが羨ましいよ。遊び暮らして楽しそうに見えるかもしれないけど、張り合いのない毎日だよ」

どちらの言い分も本音だと思います。

ただ、仕事が「張り合い」や日々の「手ごたえ」を入えてくれるというのは確かにあります。それを求めることも「心の若さ」のような気がします。

フリーランス老人という自由な立場がある

仕事が張り合いを与えてくれるとすれば、要は世間に必要とされる高齢者であればいいわけです。

身についた技術や現役時代に取った資格があるならそれを活かす。

特定の分野の知識や情報があって、それを求める人に教えるくらいはできます。

どんな人にも何かしらの「年の功」はあります。たとえば漬物の得意なおばあちゃんが、近所の若いお嫁さんたちに乞われて教えるようなことでも、世間に背中を向けないで向き合っていることになります。

そのためには隣近所も含めてうわべのつき合いはあっさりと受け入れてください。

地域の行事や集まり、知り合いグループのイベントのようなものでも、声がかかったらひょいと出かけて顔だけは出す。「わりと気さくな人だな」と思われる程度でいいから、世間に顔を売っておきましょう。

何か頼みたいことや手を借りたいことができて、「誰かいないかな」と探してみたときに、「あの人なんかどうだろう」と思いだしてもらえる人、そういう人になるだけなら自分を売り込んだり、面倒な人間関係を築いていく必要もありません。

高齢になってせっかく自由な時間が手に入り、自分を束縛する人間関係からも自由になれたのですから、もう面倒なことには関わりたくないという気持ちはわかります。厭な役割や仕事なんか引き受けたくないというのもわかります。

ただ、それだけの理由で世間に背中を向けるのはやはり偏屈でしょう。たまにふらりと訪ねてくれる人がいたら、一緒にのんびりお茶を飲むくらいの心の自由さは残しておいたほうが楽です。

それに声が掛かって何かの役割を引き受けてしまったとしても、できる範囲、自分のペースでやればいいだけのことです。そこはうまくしたもので、「頼りないな」と思われればばかならず力を貸したり、アドバイスしてくれる人が登場します。いわゆる世話人になりたがる人が老人社会にもいるのです。

その社会にがっちり組み込まれないフリーランス老人を目指してみましょう。

仕事はないけどやることはいろいろある。自由に生きているけど、ときどき世間に必要とされている。そういう生き方を目指してみると、周囲に案外、ロールモデルがいるものです。

組織の枷が外れても仕事はできる

ここで気がついていただきたいのは、高齢になれば仕事に対する考え方も自由になるということです。

現役時代はそうはいきません。

家族の生活や子どもの将来を支えるための収入、自分の能力や適性に見合った業務内容、キャリアや年齢に応じたポストや権限、あるいは勤め先の知名度や規模や安定性や将来性、勤務地や労働条件、それこそ挙げていけばいくつもの条件があって、それに納得しながら仕事を決めてきました。すべてに満足というのは滅多になくて、いくつかの不満を抱えたままで働いてきたケースがほとんどだと思います。

加えて人間関係があります。

これがいちばんやっかいで、仕事にも待遇にも不満がないのに職場の人間関係に苦しみ続ける人は大勢います。それが原因で退社したり転職した人もいるはずです。

そういった、仕事を続ける上での難しさや悩みをここで取り上げたのは理由があります。

現役を退いてしまえば、つまり高齢になって働くときにはそういうさまざまな難しさや苦しさから自由になれるということです。

地位や収入、会社の規模とか安定性、そして人間関係の難しさも気にしなくていいし、厭ならいつでも辞めることができます。自分を組織に縛りつける必要がなくなっているからです。

たとえば経理の仕事を長く続けてきた人が小さな会社やＮＰＯの経理を手伝ったりするようなことです。積み重ねた経験を活かして、小さな組織や団体のサポートをするような仕事でしたら組織の枷に縛られることもないでしょう。

あるいは地域のボランティアでも、車の運転ができるだけで何かしらの役割を分担することができます。運動も兼ねて公園の整備とか、子どもたちの見守りだって立派な仕事です。もうポストや給料にこだわる必要なんかないのですから、社会に必要とされている実感を持てるだけで張り合いが生まれます。シルバー人材センターのような窓口に登録しておくだけで、思いがけない仕事の声がかかったりします。

もっと大胆に仕事の範囲を広げることもできます。

自分で作ればいいのです。起業というほど大げさなものでなくても、好きな分野や得意の分野を活かして、それを何かしらの仕事に結びつける方法はないかと考えたり、いろいろな情報を集めてみるだけでも楽しいです。少ない資本で小商いをするつもりになれば、アイディア次第です。とにかく組織の枷さえ外してしまえば、仕事というのはゼロから自由に作っていけるものだと気がついてください。

いまさら友だちの数なんか気にしなくていい

高齢になって人間関係から自由になれるというのは、結構、冷酷な面もあります。たとえば長い付き合いの友人とか遊び仲間のように、心の自由を束縛しない人間関係も少しずつ途切れていくからです。

顔を合わせる機会が少なくなり、病気をしたり身体が不自由になる仲間が増えてきます。いまはもう年賀状だけのつき合いという友人がだんだん増えてくるのが老いの現実でもあります。

でもこれは仕方ありません。ぽつりぽつりと欠けていく人間関係は長く生きていれば当然、出てくるし、そのかわり、長く生きていれば新しい人間関係も生まれてくるからです。

ただここで、はっきり申し上げたほうがいいと思うことがあります。

友だちとか遊び仲間のような、気の置けない人間関係だって心の枷には違いないということです。

そもそも若いころから（子どものころから）、友人が少ないとか仲間がいないというのはコンプレックスの原因になっていました。友だちの多い人間は人柄も良くてみんなに信頼されているとか、コミュニケーション能力があるから世の中に出ても成功すると思われてきました。

それに比べて友だちがいないというのは、わがままだったり冷淡だったり、あるいは能力が劣っていたりするからで、恥ずかしいことだと受け止める人が多かったのです。

ここでも協調性とか、人柄の良さとか、つまり自分の意見や考えにこだわるより周囲に合わせることのほうが大事だと思われてきたのです。

この傾向は高齢になっても続きます。

周囲に仲間がたくさんいたり、人脈が広くてみんなに信頼されているのが幸せな高齢者というイメージがあります。

その逆が孤独な老人です。友人や仲間が少ないとか、誰も寄り付かないとか、そういう人は性格も偏屈で協調性もなく、孤独だからますます性格が悪くなると思われがちです。

でもわたしは、こういう見方は一面的すぎると考えています。

友人や仲間が少なくても、自由に生きている人がいるからです。周囲に合わせないで自分のやりたいことをやって暮らしを楽しんでいる人ならいくらでもいます。

「あの人は友だちが少ないし、人脈もない」とか「変わっているから誰も寄り付かない」と思われている人が、じつは誰にも気兼ねせず自分の人生を伸び伸びと楽しんでいるかもしれないのです。

どうせいつかは一人になる、その気楽さに早く気づいたほうがいい

つまり老いたらもう、友だちの数なんかどうでもいいということです。自由に何でも話せて、楽しいつき合いができる友人が一人でも二人でもいるならそれで十分だと考えたほうが、友人の数や交際範囲の広さにこだわるよりはるかに気楽に生きていけるような気がします。

それに高齢になるということは、周囲から友人が一人、また一人と欠けていくということです。自分より年上の人がいなくなり、同世代も欠けていきます。夫婦であってもどちらかに先立たれ、子どもたちとも次第に疎遠になっていきます。

あるいは自分が不自由になって、外出できなくなったり集まりに顔を出せなくなったりもします。望まなくても友人と疎遠になることだってあるのです。

そういうときでも、友人の数やつき合いの広さを自慢する人は孤独感に包まれることになります。「いよいよ一人ぼっちになったなあ」と寂しくなります。でもその「一人ぼっち」と引き換えに初めて本物の自由が手に入ったと思えばいいような気がします。

こう書くとわたし自身、何だか悟りきった人間のように思われそうですが、「そのときはそのとき」という覚悟はできます。孤独は寂しいとわかっていても、いままでに経験したことのない自由の感覚が生まれるだろうなという楽しみもあるからです。

それからまるっきり一人になってもそのままではありません。

いったん周囲の人間関係が消えてしまうということで、新しい友人ができたりいままでなかった場所に新しい人間関係が生まれてきます。先ほど挙げた組織に縛られない仕事やボランティア、自分で考えて生み出す収入の道でも、お互いを拘束しないで張り合いを共有し合う関係が生まれることになります。

とにかく自宅に閉じこもって一人で暮らさない限り、そこに何らかの人間関係は生まれてくるのですから、「一人ぼっち」というのはあり得ません。

むしろ友人の数や人脈の広さを自慢にして、その中だけで生きてきた人のほうが「一人ぼっち」になりがちでしょう。高齢になればどうしても友人の数も人脈も乏しくなってくるからです。

老いればどうせいつかは孤独になります。その孤独がもたらす自由の気楽さを恐れるより、組織や人間関係に縛られない生き方を少しずつ実践していく気持ちになってください。

一人で飄々と生きる、面白おかしく老いていく

都会でも地方でも、一人暮らしの老人は大勢います。

「寂しいだろうな」

「家族もいないのは可哀そうだな」

「何もかも一人でやるんだから大変だろうな」

ついそんな同情の眼で見てしまいがちですが、本人はどんな気持ちだと思いますか？

たとえば地方の古い家に住むおばあちゃんです。夫に先立たれ、子どもたちは遠く離れた都会で暮らしています。孫を連れておばあちゃんのもとに帰ってくるのは年に一度か二度、お盆と年末年始、くらいなものです。

寂しくないのか？

寂しくなんかありません。隣近所にも同じ境遇の仲良しがいるからしょっちゅう、顔を合わせてお茶を飲んでいます。自分が高齢になってみると、同じような境遇の同世代にいままで感じなかった親しみが自然に生まれてくるのだそうです。終《つい》の友だちという感覚です。

一人暮らしは可哀そう？

本人は自分を可哀そうとは思っていません。誰にも気兼ねしないで、朝起きて夜寝るまで、自分のペースでゆったりと暮らせるのです。のびのびと、心底くつろいで暮らしている老人がほとんどです。

一人じゃ大変？

一人暮らしはできることをやるだけです。夫あるいは子どものための家事というのは、「なんと世話の焼けたものか」と一人になって気がついたそうです。たまに子どもたちが帰ってきて賑やかになると、「早く一人に戻りたい」と思うそうです。

一人でものんびり朗らかに暮らしている高齢者に共通するのは、自分の老いを面白おかしく受け止めているということです。

「ほんとにもう、すぐに忘れてしまうなあ」

「一日はあっという間に終わってしまうけど、その割にボーッとしている時間がほとんどだな」

「90歳は卒寿か、人生卒業か、なんにも卒業できてないな」

そんな調子でため息つきながらも、日々、飄々と生きている一人暮らし老人が多いのです。

映画館の暗闇は一人の老いを幸せにしてくれる

わたしは映画が好きですし自分でも撮りますし、これからもまだまだ映画作りを続けたい気持ちがあります。それで少し映画の話をさせてもらいます。

地方で暮らす高齢者の方はよく「映画館のある都会が羨ましい」と言います。

地方には映画館のない町が増えていますから、あの暗闇の中で大きなスクリーンで映画を観たいと思ってもそれができないのです。

その点、東京のような大都会にはミニシアターも含めて映画館がたくさんあります。大手が配給する映画は、たとえばアニメ映画のように若い世代を中心に観客が押し寄せて大ヒットしますが、じつは高齢者を中心とした古い映画ファンにも十分に観ごたえのあるドキュメンタリー映画のような作品が毎日、どこかの劇場でひっそりと上映されています。

そういう映画を思いつくままに観て歩くのを楽しみにしているのはおもにシニアのファンのようです。

高齢の映画ファンほど、「いまの映画はつまらない」とか「うるさいだけで面白くない」と敬遠しがちですが、大ヒットする作品ばかりがニュースになるのでそう感じるだけで、じつはアートフォーラムのようなミニシアターではインディペンデント系のように話題にはならなくても古い映画ファンを満足させる作品がどこかで上映されています。

ミニシアターですから座席数もたいていは100席足らずの小さな空間です。

でもやはり映画館には違いありません。

あの暗闇も、迫ってくる大きなスクリーンも音響もそのままです。

そこに一人で座り込んで過ごす1時間か2時間は、きっと至福の時間になると思います。

一人で観に来るからこそ一人で没頭できる、映画が好きで良かったと満足します。映画を観終わったら繁華街をぶらぶら歩くのもいいし、余韻に浸りながら静かなバーでお酒を飲むのもいいでしょう。自宅のテレビで映画を観ているだけでは決して味わえない幸福感に包まれます。

「一人で楽しむ老いはいいな」

都会の老いの孤独にも幸せの種はきっと見つかります。むしろ都会でなければ見つからないものがあるはずです。映画館の暗闇もその一つ、寄席の落語や老いた芸人たちの飄々とした芸、一人で出かけるなら場所はいくらでもあるのです。

風来坊な老人になってフラフラと食べ歩く

もう一つ、都会ならではの楽しみがあります。交通網が発達して日帰りで近在の町に出かけるには都会ほど便利な場所はないからです。

たとえば朝の通勤ラッシュを外して電車に乗っても、東京なら千葉や神奈川、あるいは茨城まで足を延ばすのは日帰りで十分に可能です。

とりあえず「海のほうへ行こう」と目的地だけ決めて電車に乗れば、港町で昼ご飯を食べることができます。漁師町の小さな食堂で新鮮な魚料理、といっても焼き魚定食ぐらいなら気安く味わえるのです。あるいは北関東まで出かけて餃子を食べてもいいし、ラーメンならそれこそどこに出かけても、行き当たりばったりのラーメン屋でその町独特のスープや具の入った地元のラーメンが味わえます。たまには贅沢を決め込んでウナギもいいでしょう。『孤独のグルメ』を気取るまでもなく、一人暮らしの高齢者こそ一人ご飯は自然体で楽しめる世界だということです。

自分で料理して自宅で食べるのが高齢者の自立した生活にはいいと言われますが、味気ないし義務でボソボソ食べるような昼ご飯にしかなりません。

家族や同居している人間がいると、やれ「そんな脂っこいものばかり食べて」とか「齢なんだから外食ばかりしてないで」と言われそうですが、一人なら遠慮は要りません。

それに日帰りの小さな移動でも歩き回ります。

いろんな風景も目にするし、人間にも会います。どんな小さな町に行っても働いている高齢者はいるし、マイペースで暮らしている同世代が大勢います。そういう仲間たちに会えば、「まだまだ楽しまなくちゃ」という元気が出てきます。

それに何といっても、行き当たりばったりの店で美味しいものに出会うと嬉しくなります。「次は山のほうに出かけて蕎麦《そば》でも食べてくるか」という広がりが生まれます。ほんの日帰りの昼飯の旅でも、一人の世界がどんどん広がってくるのです。

もうここからは「ご褒美の人生」、誰にも気兼ねしないで生きよう

高齢になってからの生き方をあれこれ提案してきたわたしが、こんなことを書いてしまったら大胆に思われるかもしれませんが、毎年毎年、「もう〇歳になったのか」とか「あと〇年で何歳か」と自分の齢を数えるような生き方はそろそろ終わりにしてみませんか？

長生きできるのは文句なしに幸せなことです。

その長生きが、いろいろ悩みや不安の種をもたらしているとしても、生きている間は自分の人生を楽しむしかありません。

そこでもう、「ここからはご褒美」と割り切ってみましょう。

ずっと頑張ってきて、やっと自由が手に入ったのです。そのご褒美をプレゼントしてもらえたと考えれば、あとその人生を自分でどう楽しみ尽くすかということだけです。

あと5年生きるか10年生きるか、もっともっと長生きできるかそれはわかりません。

でもご褒美と受け止めれば遊び暮らしてお金を使い果たすもよし、バカなことに時間を浪費するのもよしでしょう。回りや世間がどう思おうが、「いまは自分のご褒美の時間を楽しんでいるだけだよ」と胸を張っていいはずです。

心の自由も同じです。

ご褒美の時間と考えれば、何も制約するものはありません。

誰にも気兼ねは要りません。子どもにも夫や妻にも気兼ねしなくていいはずです。

ご褒美だから飾っておかなくてもいいプレゼント。でも幸運にも分けてもらえた人生だから全部、自分の楽しみに使ってしまえ！

定年まで勤めあげたある高齢の男性がこんなことを言ってました。

「現役のころはボーナスを貰ってもローンや貯金に消えるからちっとも嬉しくなかった。有休を取っても家族サービスで使ってしまった。ほんとは働いているご褒美だから、全部自分のためだけに使ってみたかった」

現実には家族がいれば許されません。でも一人になったらもう、使い切って心ゆくまで楽しみ尽くす。

そんな気概こそ、これからの人生には大切になってきます。

そのとき初めて、一人の身軽さがありがたく思えるような気がします。

取り残されて一人になる、「ああ、せいせいした」と思えるかどうか

この境地は難しいかもしれません。

ただ、最後の最後で迎えるかもしれない場面と考えれば、頭のどこかに留めておいても無意味ではないと思います。

「一人ぼっちにはなりたくない、老いてもそばに頼れる人がいてほしい」

かりにそう考えている人がいたとしても、その頼れる人をいまから探そうとはしないし、探す気にもなれません。そもそも簡単には見つかりません。

わたしは高齢になってからの人間関係というのは、「ガラガラポン」だと思っています。積み重ねてきたいろいろなもの、人間関係だけでなく仕事の交渉とか企画とか、すべていったん白紙に戻して一からやり直すことをガラガラポンとよく言いますが、いったん全部白紙に戻すというのは簡単なようで難しいことです。もったいないとか「せっかくここまで」という気持ちがどうしても働いてしまうからです。

まして人間関係というのは相手との関係ですから自分から切ってしまうのは難しいです。親しい人や長い付き合いの人との関係を白紙に戻すというのは簡単ではありません。自分からわざわざそんなことはしたくありません。

でも高齢になると、それができてしまいます。あんなに仲が良かったグループが自然消滅したり、一人欠け二人欠けして遠ざかっていきます。みんなそれぞれ自分の老いを見つめて静かな暮らしを送り始めたということです。

そこでジタバタしても始まりませんね。

むしろ、「ああ、せいせいした！」と思えるかどうかです。

「わたしもいよいよ一人だ。ここからは残りの人生、自分のペースで楽しんでいこう」

そう腹を決められるかどうかではないでしょうか。

腹を決めてしまえば、気持ちの負担にならない人間関係や、「この人、感じいいな」と思えるような人とだけつき合って、あとは自分の好きなことだけやっていけば心の自由を失うことはありません。心の自由さえ失わなければ、老いに逆らわず静かに暮らすようになっても寂しさは感じないと思います。

「自分一人の時間が欲しい」というのは、ほとんどの人にとっていままでの人生で何度も願ってきた夢でした。老いはその夢を誰にでもプレゼントしてくれるのです。

6章　試してみたいことがたくさん残っている

まだ人生には長い時間が残されている

自分が「わりと真面目に生きてきたなあ」と思うことはないでしょうか。

いいときも悪いときもあって、それなりに波のある人生だったとしても、ほとんどの人は大きな冒険や賭けに出ることもなく、堅実な人生を送ってきています。少しでもいい高校、いい大学に入って、安定した企業に入ることを目標にしてきました。

入社すれば今度は、堅実に成果を積み重ねるように働いてきました。上司に逆らったり周囲とぶつかったりせず、協調性を心がけてきました。失敗を恐れず大きな成果を出すことより、ミスなく信頼を裏切らないことを大事にしてきました。慎重に堅実に生きてきたのです。

あなたはどうだったでしょうか。

「そこまで堅実じゃないよ」と笑うかもしれませんが、無事に定年を迎えたという人にはそれなりに我慢したり自分を抑えたこともあったはずです。上司とケンカして辞めたわけでもないし、若いころに起業して失敗したとか莫大な借金を抱え込んだわけでもありません。

では、ここまでの人生に満足しているでしょうか。

これは人によって答えはさまざまでしょう。

50年近くも勤め続けて子どもも社会人になったとか、家のローンも完済したとか、とにかく無事にこの齢までやってこれたことを考えれば上出来としか言いようがないような気もします。

不満を感じている人もいるでしょう。もっと好き勝手に、自分がやりたいことをやってもよかったんじゃないかという不満です。

ただし満足であれ不満であれ、答えを出すのはまだ早すぎます。

これからの人生だって10年20年という長い時間が残っているからです。答えを出して納得するより、その長い時間をどう生きるかを考えたほうが楽しいし、ワクワクした気分になるはずです。だからここははっきりと、まだやり残したことがある、試してみたいことが残っていると認めたほうがいいです。70代で自分の人生を締めくくるのはいくらなんでも早すぎるような気がします。

失敗を恐れて心のブレーキをかけてきた

ではこれからやってみたいことを思い描いてみましょう。

これは簡単にできるはずです。いままでにも「やってみたい」とか「できないかな」と計画したことはいくつかあります。それを一つずつ思いだしてもいいし、まったく新しいこと、最近になって憧れていることを具体的に計画してみてもいいです。

考えるとすぐ「でも……」が出てきます。

年齢、体力的な不安、おカネの制約、周囲の反対…などなどですが、自分自身がブレーキをかけてしまうこともあります。

「この齢になって無理はしたくない」とか「失敗したら周囲に迷惑をかけてしまう」、「いい齢をして笑われるだけだ」といった心配だけでなく、自分で計画を立てたり思いついた段階で「もう少し考えてからだな」と決断を先延ばしすることが多いのです。

失敗したり途中で逃げ出したりしないように、いろいろなリスクや不安を一つずつ数え上げてその対策も考えます。すると懸念材料が次から次に出てきます。

何といっても体力や健康への不安があります。

無駄遣いできる余裕だってありません。

せっかくここまで堅実にやってきたつもりなのに、人生の終盤で失敗したり笑われるような醜態は見せたくない気持ちもあります。つまり「もう少し考える」というのは、計画を断念する言い訳を考えることになってしまいます。

それから、恵まれた人生を送ってきた人に多いパターンですが、自分で早々に締めくくってしまう人がいます。

年齢を考え、自分がやってきたことを数え上げ、手に入れた不動産や会社勤めのころの地位を思いだします。大きな実績を上げた人にはそれなりの充実感もあるでしょう。

すると、「もう十分」という気持ちも生まれてきます。

「ここからは余生だと思えば、静かにゆったりと暮らすのがいちばんだ」

そう考えて何も望まず、老いの日々を淡々と暮らす人です。いわゆる成功者の余裕です。これはこれで幸せな高齢者のように思えますが、そうなるまでに自分の願望や心の自由を抑え込んだこともたくさんあったはずです。あるいは財産を残せたというなら、それを思う存分に使い切ってしまいたいという欲望もあります。それは少しも贅沢なことではなく、我慢の人生へのご褒美になってくるはずです。

まずひょいと動いてみよう

メーカーでずっと営業の仕事をしてきた人が定年退職して考えたそうです。

「仕事で月の半分は出張、日本中を歩いてきたけど、まだ行ってなかった県が残っていたな」

時間はたっぷりあるから、どうせなら行ったことのない県を訪ねてみようと思いつきました。特定の観光地を目指すのではなく、行ったことのない県が目的地ですから計画は簡単です。

「東では山形県か、西だと鳥取県だな。この二つの県さえ回れば47都道府県制覇になる」

自分でも他愛ない計画だと思いましたが、すぐに気がつきました。

「時間や相手に縛られない旅行なんて初めてじゃないか」

いままでは仕事の出張ですからスケジュールはあらかじめ決まっていました。どこに行って何をやるか、誰と会って何を決めるか、何日まで動き回っていつ本社に帰ってくるか、宿泊先も往復の飛行機や列車の時刻もすべて決まっていたのです。

それが全部、行き当たりばったりでいいとなれば「どうしようか」と考えてしまいます。

そこでいろいろネットで旅行情報を調べてみます。グルメ、温泉、名所や観光地、町の見どころや飲食店街の様子などなどですが、そもそも目当てや目的がないのですから絞り込めません。

県庁所在地なら都会だろうから、宿も飲食店街も揃っているはずだとわかっても、あまり気が進みません。そういう街に行けばかつて勤めたメーカーの支社や営業所がかならずあって、仕事を思い出すような気がしたからです。

そこでこの人は、「行き当たりばったりでいい」と決めます。そうするしかなかったのです。

「とりあえず新幹線に乗って県庁所在地の山形市に入り、そこから在来線に乗り換えてどこかの町で降りて、あとは行き当たりばったりでいい」

「宿さえ見つかれば困ることは何もないのだから、行った先で美味しいものでも食べてのんびり見物すればいい」

そう考えて、まだ何の計画も思い浮かばないまま小さなバッグに着替えと洗面道具だけ放り込んでとりあえず東京駅に向かったそうです。駅に着けば観光案内のパンフレットが目的地別に置いてあります。山形のパンフレットを手に山形新幹線に乗り込みました。とにかく動いてみたのです。

動けば何かが始まる、始まればその先が見えてくる

目的も理由もないのにわざわざ旅行に出かけるのはおカネと時間の無駄でしょうか？

忙しい現役時代ならそう考えて当然です。「どこにそんなヒマがあるんだ」とすぐに諦めます。

でも高齢になるということは、そういう現実的な計算から自由になることだと気がつ

いてください。というより、気にしても始まらないのです。老いればそもそも効率だの成果だの、あるいは費用対効果（コスパ）だのから遠ざかっていきます。一日かけて本を読んでも若いころの半分とか、せっかく覚えたことを忘れてしまうとか、家事でも作業でも休んでいる時間のほうが長いとか、計画通りにいかないことだらけになってきます。

だからといって、何もしないほうがマシとはなりません。時間やおカネや体力の無駄を言い出したら寝ているしかなくなります。せっかく自由な時間が手に入ったのに、それでは本当に無駄な毎日になってしまいます。

だからいちばん大事なのは、思いついたらとにかくひょいと動いてみることでしょう。動きさえすれば、何かが始まります。駅まで行けば乗車券が買えて、乗車券が買えれば新幹線に乗れて、乗ればどこか遠くに着いてしまうのです。

「着いた先でとくにやりたいことがない」とか「そこから先の予定が立たない」といったためらいは、着いてしまえば消えます。犬も歩けば、の気分です。

山形に出かけた元営業マン氏はまだ70代、終点で降りて在来線に乗り換え、ひとまず海辺の町を目指しました。着けばもう午後の遅い時間です。市街地のビジネスホテルに宿を取り、７階の部屋から窓の外を見たら夕日に照り返される日本海が見えたそうです。幅の広い河口も見えます。最上川《もがみがわ》だなと頭の中に地図が浮かんできます。

「そういえば秋田にも新潟にも仕事で行ったけど日本海を見たのは初めてだな」

そう気がつくと嬉しくなったそうです。

「これで鳥取に行けば砂丘から日本海が眺められるのか」と次の計画が楽しみになってきたといいます。

とにかく動けば何かが始まります。目的もなくひょいと動き始めても、自分が目指す場所が見えてくるのです。

いちばん簡単なのは人を訪ねること

地方在住の知人がこんなことを話していました。

「田舎の人は誰かを訪ねるときに電話で都合を聞いたりしない。とにかく気が向けばひよいと訪ねてしまう」

その日のその時間に在宅かどうか、都合はいいか悪いか、どういう用件なのかといったことを電話で確かめたりしないで、自分さえ気が向けば訪ねてしまうのだそうです。

この知人は感心したようにつけ加えました。

「年寄りほどそうですね。考えてみればこれがいちばんお互いに気が楽なんです」

そもそも老人は家にいます。地方だとせいぜい、裏の畑で草取りをしていたり庭いじりをしているくらいで、だいたい自宅にいるのです。

それに時間を約束すると、相手もお茶や菓子を用意したり、玄関や居間を片づけたり、その時間は裏の畑にも行けなくなります。ちょっと近所の散歩に出るのも控えてしまいます。だから約束なしのほうが気楽なのです。

これは訪ねるほうも同じで、相手に気を遣わせたくありません。老人同士になれば、これといった用事はとくにありません。「何となく顔を見たくなった」という程度の用事では、電話で改まって伝えるほどでもないし、いなかったらそれはそれでいいのです。

庭先の様子を眺めたり、飼い犬の頭をなでたり、ぶらぶらと歩いて行き来するだけでもいい散歩になります。そもそも約束して出かけたわけではありませんから、相手が不在でも腹が立つことはありません。「日が悪かったかな」でおしまいです。

でもこういう訪ね方は、都会でもできます。

お互い老人同士なら、だいたい家にいるのです。

電車で1時間かかるような町なら、遠出している気分になれます。「あいつの顔を見るのも久し振りだな」とか「いきなりだからビックリするだろうな」と楽しみな気持ちにもなります。駅を降りれば「この町も何年ぶりだろう、駅前はずいぶん変わったなあ」と思い出すことも出てきます。

そして運よく友人が家にいれば「どうしたんだ！　いきなり」驚かれます。「ちょっと近くまで来たから」と返事しながらやっぱり嬉しいです。

つもる話もいろいろ出てきて、「ちょっと近所の焼き鳥屋で一杯どうだ」と誘われます。愉快な時間がたちまち過ぎていくでしょう。

もしいなかったら？

そのときはそのときです。見覚えのある蕎麦屋にでも入れば、思いがけない旅行気分を味わえます。行き当たりばったりの自分の行動を後悔することだけはないはずです。

あれもこれも、とにかく試してみる

一年に一度だけ、10万円の使い切りを実行している80代の男性がいます。

繁華街のキャバクラで遊びまくる。あちこちの競馬場に出かけて文無しになるまで自宅に帰らない。高級レストランや寿司屋のカウンターで悠然と飲んで食べる。都心のホテルのスイートに一泊だけして贅沢気分に浸る。アジアのリゾートに出かけて真っ黒に日焼けしてくる……。

とにかくおカネを使い切ること、買い物なんかしないで何も残さないことだけがルールです。

「結構、考えると難しい。株なんか買ったらおカネが残ってしまうし、土産を買うのもルール違反」

ルールといっても使い切ると決めた自分のルールです。とくに自由を束縛するわけではありません。ちなみにうっかり競馬で儲けてしまったときには友人を呼び集めて大宴会を開いて有り金全部吐き出したそうです。

そういうバカな10万円使い切りプランを実行し始めたのは75歳からだったといいます。後期高齢者になって役所からいろいろな通知がきたときに「冗談じゃない」と思ったのがきっかけでした。

「まだこんなに元気なんだから、やり残したことを全部やってやる」という気になったそうです。遊び人、ばくち打ち、食通、セレブ、どれも縁のない人生だったけど一日くらいなり切って気分に浸るだけならできると思いついたからです。

「来年は何になってやろうかと考えるだけでもワクワクする」

ちなみにこの男性は年金暮らしですが週に2日ほど、デイサービスの施設で送迎車の昇降手伝いの仕事をしているそうです。月数万円の収入でもやりがいはあると言います。10万円の使い切りという立派な目的だってあるのです。

高齢になっても何かの仕事を続けている人は珍しくありません。

それをいざというときのための備えと考えるより、動けるうちに自分のために使うという考え方もあります。それによって動けるうちは人生をまだまだ楽しめるし、結果として長く元気でいられる可能性が高くなるのです。

実験が許されるのは若いときだけだろうか

中学や高校の理科で実験の授業があります。ほとんどの場合は結果がどうなるか、たいていは教科書に書いてあります。準備や実験の進め方も教師が詳しく説明してくれます。つまり実験とはいっても結果がわかっているのです。

でも本来は「これをやればどうなるんだろう」という結果予測のできないのが実験です。どうなるかわからないから実験してみるのです。予想していたのとまったく違う結果が出ることもあります。

でもそれで実験失敗ではありません。

どういう結果が出るかわからないから実験してみたのです。

予測や期待はありますが、思い通りの結果が出るとは限りません。たとえば自分の進路、志望校や就職先、職業を決めることだって実験のつもりでいいはずです。

実験と割り切れば、予想や期待と違っていてもそこで悔やんだり絶望することはありません。別の実験をしてみて答えを探せばいいのです。

仕事の中の小さな場面も実験の繰り返しです。企画を出してみる、プレゼンしてみる、上司に反論してみるといったことも実験と割り切れば「ダメもと」です。失敗したら「もうちょっとデータを揃えるんだった」と次の実験に備えることができます。技術系の仕事でしたらふだんの業務が実験の繰り返しになるはずです。

思いだしてみれば、社会に出たばかりのころはあれもこれも実験でした。やってみなければわからないことが多かったのです。その実験を繰り返してだんだん結果予測が上手になってきます。「これをやるとまずいんだな」とか「ここで動くと失敗の可能性が高いんだな」とわかってきます。少しずつ賢くなってくるのです。

その結果、キャリアを積んでくると実験なんかしなくなります。やる前からたいていのことは予測できるようになるからです。少しでも失敗の可能性が予測できると失点を恐れて安全策を取るようになります。地位の保全が優先されるのです。

そういう経験を重ねてくるとどうなるでしょうか。

無事に定年を迎えて大きな自由が手に入っても、つまりもう地位だのキャリアだのにしがみつかなくてもいい人生になっても、失敗の可能性がある実験なんかできなくなってしまいます。年齢にこだわるとますますそうなります。

「この齢になって失敗なんてみっともない」とか「齢を考えろ」と言い聞かせるようになるからです。ここでも年齢呪縛に捕まってしまうのです。

老いはすべての人にとって初体験ゾーンになる

でも、そういう考え方はおかしくないでしょうか？

なぜならどんな人にとっても老いは初めての経験になるからです。しかも個人差が大きいのです。

ということは、高齢になってからの人生は、誰にとっても一年一年が初めて経験する老いの毎日になるはずです。

しかもテキストなんかありません。テレビやネットにはあの人この人、いろいろな有名人の老いを感じさせない様子が紹介されますが、個人差や生活条件、環境を考えていけばそのまま真似するわけにはいかないのです。

でもそういう人たちだって初めて体験する老いの中で、あれこれ試しては失敗したり納得したり、自分にもできて楽しいことを選んで暮らしてきたのです。

だからすべての人にとって老いは初体験ゾーンになるだけでなく、試してみなければわからないことだらけになってきます。

「こうなるのか」「こんなもんなのか」と驚いたり気がついたりすることがいくらでも出てきます。

だとすれば、「ではこういうことはできるのかな」とか「こうやればどうなるんだろう」と考えて、自分がやってみたいことを試してみるのは少しも恥ずかしいことではなく、むしろ大事な実験になるはずです。高齢だからこそ、実験してみなければわからないことが増えてくるのです。

まして若いころや責任の重い現役世代に比べれば、失うものは何もありません。失敗したら失うかもしれない地位やキャリアなんかもうないのです。せいぜい、周囲に「バカだね」と笑われるくらいのことです。思いがけず愉快な結果が出る可能性だってあるのですから、それくらい、どうってことありません。

高齢だからこそ実験はできます。失敗したら終わりとか、やり直しは効かない齢だとつい考え、結果がどうなるかわからないことはなるべく避けようとしがちですが、生きている限り実験のつもりで試してみる気持ちを失わないでください。それによって心の若さを保ち続けることができます。

まして老いは日々、少しずつ進んでいきます。昨日まで何でもなくできたことが、明日は苦労するかもしれません。いよいよ実験の積み重ねになってきます。そう気がつけば、老いてからの毎日は試してみることだらけになってくるはずです。

面白がる気持ちを忘れていないだろうか

実験と割り切れば、失敗覚悟です。

というより、老いの未体験ゾーンに入って試みるすべてのことは、どういう結果が出るのかまったく予測がつきません。成功とか失敗とか、そんなはっきりした結果が出るのかどうかもわからないのです。

たとえば自宅に引っ込んで暮らすようになると、繁華街の盛り場に近づくことはなくなります。せいぜい、自宅に近い駅の周辺ぐらいです。東京でいえば新宿とか渋谷のようなギンギラの盛り場に、夜の遅い時間に出かけることはなくなります。

「もう以前のように酒も飲めなくなったし」とか「帰りの電車が混むから疲れてしまう」「馴染みの店なんかとっくになくなったし」「若い人ばかりで何だか怖い」…理由はいろいろですが、「疲れるだけだ」と出かける気持ちにすらなれません。

でも「いまはどうなっているんだろう」という興味を持てば違ってきます。

自分が飲み食いして楽しむだけでなく、「ちょっとブラブラしてみるか」という気分になれば、宵の口から人ごみに紛れて歩き回るくらいはできます。サラリーマン時代に飲み歩いた一画なら、迷うこともないし、変な店に引っかかることもないでしょう。

歩きだせば不思議なもので、頭の中に地図が甦ってきます。「たしかこっちの路地に入れば」とか「この突き当たりに流行らないバーがあったな」とか、だんだん以前の嗅覚も戻ってきます。

そうなってくると面白いのです。

よく通っていた居酒屋やバーが健在で驚いたりします。

ドアを開けてみれば経営者もすっかり年寄りになっていたり代替わりしていたりしますが、それはこちらも同じです。「やあ、まだ潰れてないんだ」とか「お化けかと思った」と遠慮のないやり取りがあって、昔話で盛り上がるはずです。

何もかも変わってしまって、若者で騒がしいだけの街になっていたとしても「失敗だった」とは思わなくていいです。まったく場違いな爺さん婆さんの役に徹して面白おかしく見物しながら歩くのも、家に閉じこもっていては味わえない気分だと思えばいいのです。

「なるほど、テレビで観ると夜の盛り場なんか近づきたくないけど、子どもたちもそれなりに居場所探しに苦労しているんだな」と気がつけば、何となく愉快になってくるでしょう。

若いころの小さな失敗が逆に余裕を与えてくれる

現役時代に何かに夢中になって「懲りた経験」がたいていの人にあります。

男性でしたら麻雀に熱中して仕事に穴を開けたとか、給料を使い果たして友人におカネを借りたとか、その程度の小さな失敗です。定年まで堅実にやってこれたのですから、家庭を崩壊させたとか自己破産したとか、そういう大きな失敗ではありません。

でもちょっと苦い経験です。

そういうのは案外、気持ちに引っ掛かっていて、高齢になっても近づかないようになってきます。ギャンブルがいい例でしょう。

「高い授業料払って失敗したんだから、もう近づかないようにしなくちゃ」と自分に禁じてしまうことがよくあります。

ところが逆に、高い授業料を払ってきたからこそ、ほどほどに楽しむ術を身につけているることが多いのです。これは年の功というか、もうギラギラした年代でもないからこそ、遊びとして楽しめるということです。

たとえば商店街や繁華街の一角には健康マージャンと称して賭けないゲーム麻雀を楽しめるスペースがあります。若いころに熱中したことのある人ほど「カネを賭けない麻雀なんて」とバカにする傾向がありますが、ゲームと割り切ってやってもそれなりの面白さがあって、高齢の男女が結構、熱くなって卓を囲んでいるといいます。

ビリヤードもある世代には懐かしいゲームでしょう。60年代にはポール・ニューマンが主役を演じた『ハスラー』というアメリカ映画がヒットしましたが、おカネを賭ける勝負師の世界でした。

でも「昔取った杵柄《きねづか》」です。白髪の高齢者がキューーと呼ばれる長いスティックを構える姿はなかなか絵になるし、それほど体力の要るゲームでもありませんからいくつになってもそれなりの楽しみ方ができます。

競馬もそうだといいます。こちらは馬券を買う楽しみを抜くわけにはいかないでしょうが、若いころに痛い目にあっていれば、やはりほどほどに楽しむ術が身についています。熱くなって一か八かの勝負なんかしなくなります。それこそ百円単位の馬券を買って気に入った馬を応援するだけでも競馬は楽しめそうです。

そうやってあれこれ思い出してみれば、「若いころの失敗」の中にも楽しみの種は見つかります。

「伊達《だて》に年は取っていないぞ」という気持ちになれば、結構、夢中になれる世界は広がっているはずです。

7章

自分を自由にしてくれる生き方を選ぶ

マインドリセットが簡単にできた

それぞれの人の思い込みや無意識の思考パターンをマインドセットといいます。心が縛られている状態です。

その縛りを取り外して新しい思考パターンに置き換えてしまうことをマインドリセットということがあります。こう書けば簡単ですが、実際にはなかなかできません。

たとえばものごとをどうしても悲観的に受け止めてしまう人が「楽観的になろう」と言い聞かせてもそうはいきません。染みついてしまった思考パターンをリセットするのは難しいのです。

ところがわたしの場合、このマインドリセットがわりと簡単にできてしまいました。

わたしのマインドセット、つまり思考パターンは「ものごとにはかならず正しい答えがある」というものでした。どんな難しい問題や課題でも、それを解決する答えが一つあって、それを見つければいいと思い込んできました。こういうのはたぶん受験勉強で刷り込まれた思考パターンでしょう。

精神分析を学び始めたころもこの思考パターンが続いていました。「ほかの学者に負けたくない」という気持ちがあって、答えを求める勉強だけをしていたからです。

ところがあるとき、「答えは一つとは限らない、いくつもある」と考えるようになりました。実際に精神科医として医療の現場に立ち何年も経ってから気がついたのです。

というのは、心に不安や悩みを抱える人に対して、自分が正しいと思っている精神分析の理論を当てはめても、問題が解決しないケースはしばしば出てきます。

そこで「おかしい」とか「こんなはずはない」と悩むより、「じゃあ、こっちの理論はどうだろう」と試してみたほうがはるかに問題が解決できると気がついたからです。

「答えは一つではない、いくつもある」と気がつけば、勉強の方法も変わってきます。それまではたった一つの正しい答えを見つけるのが勉強だと思い込んできましたが、いろいろな答えを探してみることが勉強だと考えるようになったのです。

つまり知識の幅を広げることです。極めるより広げることが大事だと気がついたのです。

すると治療の現場でも、同じ患者さんに対していろいろな理論や解釈を当てはめて柔軟な対応ができるようになります。それによって、精神科医としての自信も少しずつ生まれてきたのです。

「どうすれば楽になれるか」と考えるのがスタート

わたしが簡単にマインドリセットできたのは、そうしたほうが楽になれると気がついたからです。たった一つの答えを求めて苦しむより、いろいろな答えや考え方を覚えるほうが楽です。応用が利くし、対応できる場面も増えてきます。

たった一つの答えに苦労して行きついても、それが当てはまらない場合はものすごく苦しみます。「なぜだ?」と悩むしかなくなるからです。そこで行き詰まってしまいます。

それに比べて「これがダメならこっちを試してみよう」という考え方は楽です。あれこれ試して正解に行きつけないときでも、よりベターな答えが見つかります。最善手は尽くせるのです。

少なくとも一つの答えにこだわって行き詰まってしまうより、選択肢が多ければ諦めないで方法を考えることができます。

高齢になったらこの楽な方法を選ぶというのは大切な考え方になってきます。

何か計画して実行に移すときでも、決めた通りに進めていくのが難しくなるケースはいくらでも出てきます。若いときなら体力に任せて強引に進めることもできますが、体力が落ち、根気も続かなくなってくるとそうはいきません。

でもそこで諦めてしまったら、「やっぱり齢なんだな」と計画することさえなくなります。「もうあれこれ手を出すのはやめよう。齢には勝てないんだから大人しく暮らそう」となってしまいます。実際、旅行でも遊びや習い事でも、一度の失敗で凝りてしまい、せっかく楽しい話が舞い込んだり誘われたりしても「もう懲りたからいい」と諦めてしまう高齢者がいます。

逆に楽な方法を選んで一度でも実行できると、「なんとかなるものだ」という自信がついて誘いにも気軽に乗れるようになります。

周囲の手を借りる、経験者に付き添ってもらう、スケジュールをゆるめる、レベルアップを急がない、探せば楽な方法はいくつか見つかります。老いは少しぐらいの甘えもわがままも許されるものだと気がついてください。

何がきっかけでマインドリセットできるかわからない

楽な方法を選ぶというのは、「何でもあり」という考え方です。一つのやり方や答えにこだわらないで、とにかくいろいろ試してみるということです。

自分が正しいと思ったものにこだわってしまうと、どうしても不自由になります。「あっちでもいいような気がするけど、もうこっちと決めてしまったからなあ」というのはどういう場面であっても不自由になります。前の章でも書きましたが、「どうなるかわからないけど、とにかく試してみるか」と考えたほうが自由に生きられるし楽なのです。

たとえばそれまでずっと嫌ってきたり避けてきたものが、ふとしたきっかけで「意外と面白いな」と気がつくときがあります。食べ物でも趣味でも遊びでもそうです。ずっと苦手意識があって手を出さなかった料理を、「いいから食べてみろ」と言われて食べたらビックリするほど美味しかったということはしばしばあります。

すると「美味しいじゃないか、これならもっと早くから食べてみるんだった」と後悔します。「これからは見た目にこだわらずに、とにかく初めての料理は食べてみないと損だな」と気がつくはずです。苦手意識が一つ消えるということは、それだけ自由になれたということです。

わたしはずっとスポーツに対して苦手意識を持っていました。

ところがあるきっかけで、大学相撲部の稽古を間近に見学することになりました。日本大学の理事長に就任した林真理子さんの熱意に誘われて常務理事を引き受けたことがそのきっかけでした。

スポーツが苦手でまして相撲のような格闘技にはまったく縁がないと思っていましたが、目の前で汗の飛び散るその稽古を見て、正直に言ってあまりの迫力と真剣さに魅せられてしまいました。

こうなると日大のファンになってしまいます。大学改革のためにできる限り力を尽くそうという気持ちになれたのです。苦手意識が一つ消えただけで、わたし自身、マインドリセットができたことになります。

一つ踏み出すと大きな目標ができてくる

高齢になるということはいろいろなものから自由になるということ。これは何度も書いてきました。

ところが同時に、高齢になるということは、いろいろな思い込みに縛られてしまうことでもあります。長く生きた分だけ、それまでの経験や生き方から答えを出してしまって、その答えにしがみついていることが多いからです。

人前が苦手、おまけに歌うのが苦手という70代の女性が、友人から合唱サークルに誘われたそうです。

「大丈夫、ちゃんと先生が発声から指導してくれるし、80過ぎの女性だっているんだから」と励まされても、最後までためらい続け、「70過ぎて人生初体験なんて愉快じゃない！」と背中を押されて決心しました。

声にも声量にも自信がない、おまけに音痴、しかも年に一度は舞台で発表会があって観客が詰めかけます。

ところがサークルに入るとすぐ、週に一度の練習が楽しみになりました。自分より年上の女性や男性も混じっています。下は高校生も含めて、10代20代の若者もいますから世代を超えて楽しいおしゃべりができます。

同世代と思われる男性が指導者ですが、ざっくばらんで楽しそうに教えてくれますから、この女性は自分の音痴も大きな声が出せないこともだんだん気にならなくなってきました。指導者はそれぞれの声量や声質に合わせて合唱のパートを割り当ててくれるからです。

そして合唱団恒例の発表会はバッハのカンタータ、独唱と合唱で構成される声楽曲のことですが、ステージに全員が並んで何曲も歌いまくります。この女性ももちろんステージに立たされました。友人や家族にも声を掛けていましたからもう、自分から居直る気持ちになっていたのです。

「夢のように楽しかったですね。いつかドイツやフランスに出かけて本場のカンタータが聴いてみたい、合唱団の仲間とツアーの計画も立てています」

人前がダメ、歌うなんて無理と思い込んでいた人が毎週のレッスンと年に一度の舞台に思い切って挑戦してみたら、老いの人生に大きな計画を持ち込むことができたのです。

自学自習は老いが煮詰まってしまう

高齢になっても向学心を失わない人は素敵です。

いくつになっても本を読む楽しみを持ち続けることができますし、興味のある分野の勉強をコツコツ続けている人も大勢いるはずです。

ところが高齢になってくると、その先になかなか進めません。自学自習で終わってしまうことが多いのです。

理由はいろいろあります。

「耳が遠くなったし視力も落ちた」とか「覚えが悪くなったから教わってもなかなか進まない」といった身体的な老い。

「いまさら若い人に混じって」とか「みんなの足を引っ張ってしまう」といった理由もやはり年齢を意識するから出てきます。

わたしはいくつになっても向学心を持ち続けている人を無条件に尊敬しています。だからどうしても応援したい気持ちになります。

そのとき、いちばん後押ししたいのは「オープンにやろう！」という気持ちです。高齢になればいろいろなハンディを意識してしまうのはわかります。でも大好きな読書や勉強の世界で年齢呪縛にだけは捕まって欲しくないからです。

年齢呪縛の一つに意固地さがあります。老いは隠したいとか情けないという思い込みがあって、人前に出るのを避けるようになります。

すると勉強したいことがあっても「他人に振り回されたくない」とか「集まらなくても勉強はできる」といった理屈が出てきます。本やテキストを買い込んで一人でコツコツ勉強することが自分のやり方だと言い聞かせてしまいます。

でもこのやり方は不自由です。壁にぶつかればそこで行き詰まるし、自分のレベルもわからないし、成果を試すこともできません。

そして何よりも、煮詰まりやすいのです。かつてわたしが陥った、一つの答えを求める勉強になってしまいます。

むしろいろいろな人の考え方や勉強法を知ったほうが、いくつもの答えに出会えるようになります。知識の幅も広がってくるでしょう。自分の頭の中をシャッフルするつもりになって、自学自習ではなくオープンな勉強法に切り替えてください。

男性はいくつになってもライバル意識を持つことができる

いまの世の中、学ぶ余裕を持っているのは若者や現役世代ではなく高齢者です。年齢的なハンディなんか気にしないでコツコツ勉強している80代90代はいくらでもいます。

そしてどんな分野でも、勉強すればその成果を実感したくなります。いままで解けなかった問題を解いてみたくなるし、実行できなかったことに挑戦したくなります。外国語を勉強すれば、それを会話で試してみたくなります。独学だと人と会話する機会がなかなかありません。習い事も同じで、成果を発表したり競い合ったりしたくなります。

そのためには、やはり一人で勉強するよりグループやサークルに入ったほうがいいのです。そういう高齢者のニーズに自治体や地域も応えなければいけませんから学びの場所や機会は数多く用意されているしカリキュラムも豊富です。受講者だって大勢います。とくに女性の場合は友人同士で誘い合ったりして楽しそうに参加しているケースが多いのです。

でも男性の場合は相変わらず独学にこだわる人が多いような気がします。実際にカルチャースクールのような場所を見学してみると、教室の7割か8割くらいは女性で占められています。

いろいろな世代や知識レベルの人と一緒に勉強すれば、刺激も受けるし見方が広がります。「そういう解釈もあるのか」とか「簡単な覚え方があったんだ」と気分が楽になったり、発想の幅が広がったりします。勉強全体の視野が広がってくれば、それまでの意固地さもなくなってリラックスできます。

オープンに学ぶことのメリットはそれだけではありません。誰かに習うとか教わる、あるいはグループや教室に参加することで、身近な目標や尊敬できる師ができるからです。

「この人にまず追いつこう」とか「どんな勉強法なのか、ちょっと教えてもらおう」といった気持ちも自然に生まれてきます。男性は女性のようにグループでの参加が苦手ですが、ライバルを見つけるとやる気が出てくるのは現役時代からの習性です。

そういう気持ちが生まれてくると、心はどんどん若返ってくるはずです。

いくつになっても師は持てる

どんな勉強でも習い事でも、オープンに学ぼうと思えば教えてくれる人が現われます。講習や講義を受ける場合でも講師がいて、絵や音楽のサークルでも先生がいます。師は自分よりはるかに年上だったり、年下だったりします。カルチャースクールや学習会の講師が高校時代の教師や校長だったりということはよくあります。

絵や楽器を教えてくれる先生が自分の子どもの同級生だったりします。

でも、いくつであろうと師は師です。

自分よりはるかに知識や技術があり、それを学ぼうと思えば思うほど真剣に向き合ってくれます。

そういう学びの体験は、自分の年齢を完全に忘れさせてくれます。

こちらはあくまで生徒で、相手は先生なのです。

そういう関係の中では、相手の年齢を意識することはないし、自分の年齢を意識することもありません。年齢なんかまったく関係のない世界なのです。

70歳を過ぎて水彩を習い始めた男性がいます。高校時代まで美術部にいて絵が好きでした。定年で現役を退いて再雇用で仕事は続けていましたが、もう一度、ちゃんと絵の勉強がしたくなったそうです。

「水彩なんて絵具と絵筆があればいい」と自分で勉強するつもりでいたのですが、自治体の教室案内に水彩コースを見つけてふと習ってみようという気になったそうです。

教えてくれるのは、美大を出て子どもたち向けの絵画教室を開いているまだ30代前半の男性でした。もちろん自分でも絵は描いていますが、それだけで食べてはいけないのでしょう。

「こんな無名の若い先生で大丈夫か」という気もしましたが、自分だって絵筆を持つのは60年ぶり近いのですから「ちょうどいいか」と気楽な気持ちで習い始めたそうです。

思いがけずも熱心な先生で、10人ほどが習う講座も活気があります。最初はまずデッサンの勉強から始まったのですが、高校の美術部時代はみんな我流です。それぞれが好き勝手に絵を描いて得意がっていただけですから、デッサンの勉強だけでずいぶん厳しく教えられたそうです。

そのうちだんだん夢中になってきました。最初は頼りなく思えた先生ですが、自分の師という意識がどんどん強くなってきます。

そうなると40歳の年の差なんか消えてしまいます。

「おれはまだ高校生のままだな」と思えば、気持ちもどんどん若返っていきます。妻に「何だか顔がキラキラしてきたね」と言われたときには嬉しくてたまらなかったそうです。

アウトプットが脳を活性化する

オープンな勉強のいいところは、発表の場がどんどん用意されることです。

絵に限らず、どんな勉強でも習い事でも、自分の意見を発表したり文章にまとめたり、あるいは教室で議論するようになります。

自学自習にはこれがなくて、ただ読んだり覚えたりするだけになります。ところが記憶力が衰えてくると、覚えることが苦手になります。そのうえ、インプットだけでは脳があまり刺激されません。

その点アウトプット、つまり発表したり書いたり議論する作業はいくつになっても脳全体を刺激して活性化します。つまり高齢者の脳を活性化するのはインプットではなくアウトプットなのです。

大学教授のように知的な仕事をしている人はいくつになっても脳が若々しいと思われがちですが、それは大間違いです。文献を読んだり自分の古い著作をテキストに講義しているだけの教授は、脳がどんどん老化してしまい、認知症にもなるし新しい発想もできなくなります。

あくまで、高齢になっても新しい論文を書いたり、あるいは学生と本気で議論したり、自分の学説をわかりやすい一般書にまとめたりといったアウトプットの作業を怠らない教授でなければ脳の若々しさは保てないのです。

そして脳の若々しさは権威や年齢にこだわらない自由な生き方から生まれてきます。

そういう意味でも、何かを学びたいと思ったらまずアウトプットの機会に恵まれている場所を探す気持ちになってみましょう。

たとえば小説を書きたいと一念発起したときに、コツコツと自分の世界に閉じこもるだけでなく（それはそれで大切でしょうが）、小説の教室やサークルのようなオープンな場所に参加してみるという気持ちが必要になってくるはずです。

自分のことは自分がいちばん知らない

誰でもそうですが、自分のことは自分がいちばん知っていると考えます。

自分がどういう性格でどういう人間なのか、長所も短所も含めて、本人がいちばん承知しているという考え方ですが、それが正しいかどうかはともかく、齢を取るとますますそう思い込む人が多くなります。なにせ長いつき合いだから余計にそう思い込むのでしょう。

ところでその一方で、わたしたちは案外、自分のことがわかっていないという考え方もあります。

たとえば本人は自分を慎重な性格だと思い込んでいても、身近な人間は「この人は結構、大胆な性格だ」と思っている場合があります。こういうケースは意外に多くて、自分の性格なんて本人だけの思い込み、周囲からは正反対の印象を持たれているケースは多いのです。

だからもし、誰かから「やってみないか」という声がかかったら、それは「この人ならできる」と思われたのです。そう受け止めてみましょう。

自分は性格的に無理だとか、能力的に難しいと予想するようなことでも、声を掛けてくれた人は「問題ない」と思ったから誘ってくれたのです。そう考えると、誘われた時点ですべて合格ということになります。

「この人には向いていないかな」「ちょっとついてくるのが大変かな」といった心配があれば無理に誘ったりはしません。勉強でも趣味の習い事でも、誘われたら前途有望くらいの気持ちになってもいいのです。それくらい、軽く踏み出してみましょうということです。

年齢呪縛に捕まってしまうと、「自分はこういう人間」、「もうこの齢では変わりようがない」という思い込みがどんどん強くなってしまいます。若いころは自分のことがまだよくわかりません。だからいろいろなことを試してみる気になれるのですが、その割にあまり実験をすることもなく、安心・安全を選んで生きてきたとすれば、自分がわかっていないままに老いてきた可能性だってあります。自分の年齢だけを気にすると、覚えの悪さだの根気のなさだの、どうしてもマイナス材料だけを見つめてそれにこだわってしまいます。

誘われたら軽く踏み出してみることで、いままで気がつかなかった自分に出会うチャンスが生まれてくるかもしれません。現役時代は真面目で滅多に冒険しなかった人が、高齢になってから自由に生きるようになるのは、たいていは小さなことがきっかけです。「やってみないか」と誘われたときに、軽く踏み出してみたらどんどん自由になれたというケースが多いのです。

前頭葉の若さが年齢呪縛を吹き飛ばす

前頭葉がわたしたちの好奇心やときめきを作り出すと何度か説明してきました。

簡単な言い方をすれば、自由を求める脳が前頭葉です。

発想や思考の自由、行動の自由、つまり自分を縛らないで心が求めるままに生きている状態というのは、前頭葉にとっても快感なのです。

ところで高齢になってくると、たいていの人は二つの生き方のどちらかを選びます。

一つはまず、年齢を乗り越えよう、老いに逆らって元気にやっていこうという積極的な生き方です。

もう一つは逆に、年齢に逆らわず、老いを受け入れて穏やかに暮らしていこうという従順な生き方です。

世の中でしばしば注目されるのは前者のほうで、90代になってもまだ元気で活動的に生きている人は、身体的なトレーニングでも食生活でもバイタリティに溢れています。「すごいな」とか「さすがだな」と感心させることが多いのです。

でも後者の生き方にも納得したり共感する人も多いはずです。「穏やかに暮らせるのがいちばんいい」、「わたしも無理しないで自然体で生きたい」と憧れます。

ただわたしは、大事なのは本人が自由に生きているかどうかで、どちらの生き方であっても老いを感じさせない人に共通するのは自由に生きているということだと思っています。

パワフルに生きている高齢者は、それが楽しいし、やりたいことがあるのでしょう。どうしても実現したいことがあって、その願望を封じ込めないで心の命じるまま、気持ちの向くままに動き回っています。傍《はた》から見れば頑張っているようでも、本人はやりたいことができるというのが幸せなのです。

老いを受け入れて穏やかに暮らしている人はどうでしょうか？

やはり同じです。本を読んで一日過ごせるなら何も望まないとか、古い映画を観ているだけでいろいろなことを思いだして、気がつけばあっという間に一日が終わってしまうとか、そういう穏やかで静かな暮らしも、心の自由がなければ楽しめません。

毎日の約束事、自分に課した家事や運動のノルマなどを「今日はいいや」とあっさり放棄して好きな時間を大切にできる人です。前頭葉がワクワクしている時間を優先することができる人です。

そしてもう一つ両者に共通していることがあります。

自分の齢を忘れています。年齢呪縛になんか捕まっていないのです。

エピローグ

無邪気に老いるコツ

寂聴さんは特別な人ではない

高齢者のさまざまな生き方が本になったりテレビで紹介されたりすることが多くなりました。

100歳近くまで生きてなお、現役の輝きを失わないような人たちです。ほとんどは俳優や芸術家、あるいは学者や研究者といった人たちですが、そういう人たちが若々しさを保ち続けている秘訣も紹介されます。

それを目にすると「やはりいくつになっても大きな夢や目標があって、その実現を目指す情熱がないとダメなのかな」と思ってしまいます。

たとえば99歳で亡くなるまで小説を書き続け、人と会い、世代を超えて多くの人に語りかけてきた瀬戸内寂聴さんには奔放に生きた女性というイメージがあります。でも髪を剃って得度し、仏門に入るという人生を選んだのは瀬戸内さんにとっても大きな冒険だったはずです。

しかしそれによって、寂聴さんはそれまでの人生のしがらみをいったん全部捨て「せいせいした」気持ちになったと思います。そこからほんとうの自由な人生を送るようになったのでしょう。

それに比べて自分はどうかといえば、男性でしたら定年退職してもう仕事はありません。大きな夢の持ちようがないし、いまから何かやろうと思っても小さな計画しか浮かびません。女性も同じで、長い子育てが終わってやっと自分の時間が持てるようになっただけで、いまから大きな目標や計画といっても思い浮かびません。

でも、無名であっても長生きして、晩年まで若々しさを失わない人や、幸せそうな毎日を過ごしている人は大勢います。90代後半、あるいは１００歳を超えてもなお、日々の暮らしを楽しみながら朗らかに過ごしている男性や女性は珍しくないのです。

そういう人たちに共通するのはたった一つだけです。

自由に生きているということ。

そしてそのことを幸せに感じているということです。

人間関係の煩わしさからも、とっくに卒業しています。一人の暮らしを楽しみながらも、世間とのつき合いに背中を向けることもありません。「わたしの周りにいるのはみんないい人ばかりだよ」という程度の意識でしょう。たぶん寂聴さんも晩年はそんな心境だったと思います。

高齢になっても幸せに暮らしている人は自分の自由を満喫しています。誰でも身体には多少の不自由を抱えているはずですから、これは心の自由ということなのでしょう。

そして自由なら、男性であれ女性であれ、すべての高齢者に与えられています。老いることの特権が自由です。それを存分に楽しむこと、これならどこに暮らしていても可能です。

寂聴さんは決して特別な人ではなく、縁側で終日、日向《ひなた》ぼっこしながら一日をうつらうつら過ごすおばあちゃんと同じです。老いることで平等に手に入る自由を精一杯楽しみ尽くした女性ということで、それはどこにでもいる幸せそうなおばあちゃん、おじいちゃんと同じのような気がします。

自分の暮らしを作っていくという感覚

みなさん、若いころは忙しかったはずです。

体力の限界まで仕事をしたこともあるし、頭をギリギリと絞るように勉強したりプランを練ったりもしてきました。

勤めがなくても家庭を持てば忙しさは生まれます。家事に育児に翻弄されてきた時期がありました。

でもその忙しさが暮らしを作ってきました。朝起きてから寝るまでの一日は、ぼんやりする間もなく「やらなければいけないこと」で埋まってしまい、それがわたしたちの暮らしのリズムを作ってきたのです。

高齢になると、言うまでもなく「やらなければいけないこと」は減ってきます。自分の世話ぐらいは自分でしなければいけないにしても、手を抜いても明日に延ばしても、あるいはできないことは誰かに頼んでもいいようになります。

ということは、自分の暮らしを自分で工夫して作っていかなければいけないということです。身体が動くうちは、できることを何か探しながらでもやっていかないと、ただ怠惰に暮らすしかなくなりますし、それが身体の機能をどんどん奪ってしまいます。

高齢になっても生き生きと、幸せそうに暮らしている人を見ていると、この「暮らしを作る」という感覚がとても柔軟で、しかも個性的なことに気がつきます。自由を心ゆくまで楽しみながら暮らしを作っているからです。

たとえば朝起きる時間にしても、早い人もいれば遅い人もいます。季節を問わず夜明けになれば起きる人、ゆっくり朝寝して昼近くになって起き出す人もいます。早起きの人は当然、夜も早寝です。昼寝の時間もしっかり取っています。ゆっくり起きる人は夜更かしです。高齢になれば早寝早起きというのは、そうなる人が多いというだけで、暮らしのリズムは人それぞれですから、自分に合ったリズムを選べばいいだけのことです。

古い映画を観たり、本を読んだりしている時間が好きだという人は、夜の時間がいちばん落ち着きます。静かな部屋で友人に葉書を書いたり、日記をつけたりしているうちに夜が更けてくるというのでしたら、時計に合わせるのでなく眠くなったら眠ればいいだけのことです。それができるというのは自由になったからです。若いころには「もうこんな時間か」と気がつけば「明日も早いからもう寝なくちゃ」と無理やり寝るしかありませんでした。それに比べればなんと幸せなことでしょう。

一日の始まりと終わりが自由なら1週間の過ごし方も自由です。週末に外出や小さな旅行を組み込む必要はないし、平日の日中でも趣味や勉強の集まりに顔を出すことができます。とにかく毎日が白紙のところから自分の暮らしを作っていけるのです。自分がやりたいこと、楽しいこと、夢中になれること、それをどう一日や一週間の中にちりばめて暮らしていくか、まずはゆっくりと計画してみましょう。

小さなことに心が引き寄せられるようになってくる

90歳を過ぎた祖母の散歩に付き添っている女性が感心したように話してくれたことがあります。

「おばあちゃんは、季節の変化に敏感ですね」

一緒にゆっくり近所を散歩していると、梅や桜の蕾《つぼみ》が膨らんできたこと、タンポポの葉が広がっていること、青空の色が何となく淡くなってきたこと、鳥の鳴き声が鋭くなってきたこと、木の葉の緑が濃くなってきたこと、そういう小さな変化に真っ先に気がついて教えてくれるのだそうです。

「視力も落ちているし耳だって遠いのに、なんであんなに気がつくんでしょう」

たぶん散歩のときは心が空っぽになって、外から入る刺激に敏感になっているのでしょう。

わたしは最近になって、わりとよく歩くようにしています。

以前は移動というとすぐタクシーに乗っていましたが、身体のことを考えると「こまめな運動は必要だな」と思うようになったからです。

歩くようになって気がついたのは、季節の移り変わりとか風の冷たさ暖かさ、あるいは街角に漂っている匂いに敏感になってきたことです。

これは外の空気を吸いながら歩けば当たり前のことかもしれませんが、それだけではないような気がします。60歳を過ぎたぐらいで老いの心境を語るのはおこがましいのですが、やはりそれなりに老いたかなと感じるときがあります。

でも悪い気はしません。

いままで気にしなかった周囲の風景に敏感になってきたというのは、気持ちに少し余裕が出てきたということなのでしょう。

ゆったりと暮らしている高齢者ほど、季節の移り変わりに敏感です。なにものにも心を煩わされることのない高齢者ほど、自分を取り囲む世界の小さな変化をそのまま受け入れることができます。

これも心の自由がもたらしてくれる幸福のような気がします。

その幸福感に満たされている高齢者は、自分の年齢のことなんか完全にわすれているはずです。無邪気な子どもに還《かえ》っているのです。

心の自由の大切さについてここまで考えてきましたが、結局、老いを案じることは何もないのです。無邪気に老いていくことさえできれば、心はどこまでも自由に解き放たれていきます。

いまできることはまず、年齢呪縛、「もう○歳だから」という自分への枷を外してしまうことになってきます。

おわりに

本書をお読みになられてどう思われたでしょうか？

自分も年齢呪縛にとらわれていたなとか、もう齢なんか気にしなくてもいい――と思ってもらえていれば、著者として本望です。

理屈ではわかるけど、そうはいかないと思われた人も、また、実際に脳や身体の衰えを感じている人もなかにはいるでしょう。

ただ、気持ちが変われば、これからの人生に張りもできるし、長生きも悪くないと思えるはずです。逆に、衰えや齢を嘆いていても、得をすることはあまりない気もします。

だから、ちょっとしたことでもいいので、本書で書かれていたことを試してほしいのです。うまくいかなくても、時間くらいしか損をすることはないし、その時間の余裕があるのが年寄りの特権なのですから。

岸田首相が異次元の少子化対策などを唱えていますが、少子化対策というのは仮にうまくいっても、労働力や消費が本格的に増えるのは20年以上先の話です。

日本を本当に救うのは、お年寄りが少しでも元気になって、労働力の足し（ボランティアでもいいのです、足りないことを補うだけでもものすごい貢献です）になったり、消費をしてくれることだと私は信じています。

そのために、しつこいくらいいろいろな本を書いて、あの手この手でお年寄りを元気にしたいというのが私の願いです。

そして、その中でいちばん大切なのが、感情の老化予防、心が老けこまないことだと信じて本書を上梓《じょうし》しました。

現実的に心が若い人のほうが、積極的に生きられるし、脳も身体も使うので若々しくいられます。それ以上に幸せを感じやすい、元気でいられるという大きなメリットもあります。

実は、高齢者に限らず、心の若さこそが、いわゆる「若さ」だったのです。

20代でも、「どうせ人生いいことないさ」と積極性を失って老け込んでいる人もいました。

40代、50代というと心が若い人のほうが輝いて見えたはずです。

少なくとも、自分のことを年寄りとか老いぼれと思っても、得をすることがないというのが、長年の高齢者診療と、高齢者ウォッチングからの結論です。

実年齢より、自分の気持ちを大切にしてほしいというのが私の願いです。

みんなが若返ることが、少子化対策より確実な日本の防衛（もちろん、国のためだけでなく自分の防衛でもあるのですが）なのですから。

和田秀樹

心が老いない生き方
―年齢呪縛をふりほどけ！―

著者 和田秀樹

2023年6月25日 初版発行

和田秀樹（わだ ひでき）

1960年、大阪府生まれ。精神科医。

東京大学医学部卒業後、東京大学医学部附属病院精神神経科助手、浴風会病院精神科医師、米国カール・メニンガー精神医学校国際フェローを経て、現在、ルネクリニック東京院院長。

高齢者専門の精神科医として、30年以上にわたって高齢者医療の現場に携わっている。

『70歳が老化の分かれ道』（詩想社新書）、『80歳の壁』『ぼけの壁』（ともに幻冬舎新書）など著書多数。

発行者 横内正昭
発行所 株式会社ワニブックス
〒150-8482
東京都渋谷区恵比寿4-4-9えびす大黒ビル
ワニブックスHP http://www.wani.co.jp/
（お問い合わせはメールで受け付けております。
HPより「お問い合わせ」へお進みください）
※内容によりましてはお答えできない場合がございます

装丁 小口翔平＋青山風音（tobufune）
フォーマット 橘田浩志（アティック）
編集協力 やませみ工房
校正 玄冬書林
編集 内田克弥（ワニブックス）

印刷所 凸版印刷株式会社
DTP 株式会社 三協美術
製本所 ナショナル製本

ISBN 978-4-8470-6694-8
WANI BOOKOUT http://www.wanibookout.com/
WANI BOOKS NewsCrunch https://wanibooks-newscrunch.com/